NO MÁS CODEPENDENCIA

GUÍA PRÁCTICA PARA ARREGLAR SU CODEPENDENCIA, DEJAR DE COMPLACER A LA GENTE Y EMPEZAR A QUERERSE A SÍ MISMO

ANDREI NEDELCU

TABLE OF CONTENTS

INTRODUCCIÓN

Me siento muy honrado de que esté interesado en leer este material, dedicado a las personas con rasgos codependientes. A lo largo de este libro, he hecho todo lo posible por abordar las principales cuestiones relacionadas con la codependencia y ofrecer soluciones prácticas y basadas en pruebas. En otras palabras, es un libro más práctico que teórico. ¡Va directamente al grano!

Aunque se han escrito muchos libros sobre este tema, la mayoría de ellos tratan las cosas de forma superficial o sólo le dan una información limitada sobre lo que puede hacer para afrontar la codependencia. Es difícil y abrumador sentirse responsable de todo el mundo. He visto a personas que dan constantemente a los demás pero no tienen ni idea de cómo recibir. He visto a personas que dan hasta que se rinden. Y entonces las cosas empiezan a empeorar y empiezan a dudar de sí mismos, como resultado se deprimen, se ponen ansiosos, temerosos, paralizados y atrapados. El dolor y la inseguridad comienzan a manifestarse en todas las facetas de su vida. Ya no tienen autonomía. Tienen miedo de tomar decisiones. Ya no están satisfechos.

En este libro, he centrado mi atención en cuestiones específicas y claras y he hecho todo lo posible por evitar clichés innecesarios. Si se pregunta qué es la codependencia y cómo puede superarla, este libro es para usted. Gracias por su sincera atención e interés.

Después de leer este libro desde el principio hasta el final, tendrá muchas más posibilidades de mantener la cabeza en alto, detener el dolor y conseguir el control de su vida.

CAPÍTULO 1

LA CODEPENDENCIA: ¿CÓMO LA RECONOZCO?

"La libertad no se puede otorgar, hay que conseguirla" - Elbert Hubbard

Se han escrito muchos libros sobre la codependencia, y cada uno de ellos da su propia definición del término. La mayoría de estos libros aportan poca o ninguna información sobre las causas de la codependencia y cómo remediarlas.

Estos libros emplean todo tipo de términos aterradores y dolorosos, así como rasgos indeseables. Lo "gracioso" es que, cuando termina de leer esos libros, parece que tiene casi todos los problemas del mundo, pero sigue sin poder definir exacta y específicamente cuáles son esos problemas. Además, como no ha podido definir específicamente estos, se quedará sin una herramienta hecha a su medida para luchar contra esos problemas, por lo que acabará volviendo al punto de partida.

Por lo tanto, he decidido hacer todo lo posible para describir de la forma más clara e intuitiva posible la verdadera naturaleza de estos problemas y, al final de los dos primeros capítulos, debería tener una idea muy clara de cuáles son los problemas y las herramientas para identificarlos con precisión.

DIRECTAMENTE AL GRANO: ¿QUÉ SIGNIFICA REALMENTE LA CODEPENDENCIA?

Inicialmente, el término "codependiente" se utilizaba sólo para referirse a aquellas personas que vivían junto a alguien que tenía una adicción: digamos al alcohol. [1] Por ello, la mayoría de estos libros hacen ruido sólo con los que se encuentran en esta situación. En consecuencia, hemos llegado a la conclusión de que estas dificultades pueden darse en entornos en los que se ignoran, restringen o castigan las emociones. Así pues, si ha vivido en un entorno en el que ha habido algún tipo de negligencia o abuso emocional, puede desarrollar dificultades y problemas que afectarán significativamente a sus resultados, a sus relaciones y a cómo se siente.

LA CODEPENDENCIA ES, EN ÚLTIMA INSTANCIA, UNA PRIVACIÓN DE LIBERTAD.

En resumen, la codependencia puede definirse como una relación en la que usted invierte tanto en otra u otras personas que ya no puede funcionar de forma independiente. En pocas palabras, su estado de ánimo, su felicidad, su identidad, su confianza y su valor dependen de esa otra persona. Si queremos profundizar más, la codependencia augura la pérdida de la autonomía personal: todos los pensamientos, emociones, comportamientos y decisiones están estrictamente relacionados con otra persona. Para estar bien, siempre se necesita la aprobación y la validación de la otra persona. [2] Un psicoterapeuta con mucha más experiencia dijo que podemos hablar de codependencia cuando casi siempre existe "la necesidad de ser necesitado". Si tiene esos rasgos, le resultará extremadamente difícil decir que no a alguna oferta que no le interese, y si lo hace, se sentirá extremadamente avergonzado y culpable por haberse atrevido a hacer algo tan "malo". En el próximo capítulo, haré todo lo posible por ofrecerle más detalles sobre cada aspecto y dar ejemplos más evidentes para que comprenda mejor el problema y cómo puede superarlo.

¿CUÁNDO SE CONVIERTE LA CODEPENDENCIA EN UNA PATOLOGÍA?

Pretendo dar al lector tres importantes claves de control a través de las cuales pueda comprobar por sí mismo si existen o no problemas. Con el tiempo, he proporcionado estas claves a los pacientes con los que he trabajado:

La codependencia es un problema cuando afecta significativamente nuestros resultados

Tanto si hablamos de lo profesional como de lo personal, en el momento en que nuestro rendimiento se resiente de forma significativa, es el momento de advertir la luz roja de alarma. Si se pierden buenas oportunidades debido a ciertos rasgos, significa que hay un problema que merece ser tratado.

La codependencia es un problema cuando afecta significativamente a nuestras relaciones

Si siempre presentamos inseguridad y fluctuaciones en nuestro estado de ánimo, identidad, decisiones y confianza, los que nos rodean serán los primeros en darse cuenta; querrán prescindir de nosotros. En definitiva, nos resultará difícil mantener una amistad auténtica o una relación romántica.

Suele provocar malestar, nos sentimos mal y tenemos emociones negativas e intensas, emociones que no nos ayudan en absoluto. Tenemos miedo y desconfianza; nos cuesta creer que podemos ser autónomos, y cuando lo conseguimos, aparecen emociones de culpa, vergüenza, autocrítica y culpabilidad. También pueden aparecer síntomas somáticos como diversos dolores y molestias en nuestro cuerpo. En resumen, la angustia es grande y uno se siente mal: fisiológico, emocional, cognitivo, conductual, etc.

¿Qué causa la codependencia?

Puede que esté cansado de oír hablar de las influencias que tuvo en su infancia y que afectaron a su mente, a su forma de pensar. Pero los datos confirman una y otra vez que los problemas empiezan a tomar forma desde muy pronto.[3] Es absolutamente natural que nos preguntemos de dónde vienen nuestros problemas. Desde nuestra infancia, empezamos a dibujar diferentes creencias sobre el mundo y la vida, pasando por diversas experiencias, y comenzamos a desarrollar formas de afrontar las cosas, habilidades necesarias para adaptarnos a los contextos de la vida.

Una de las principales causas es el abuso o el abandono. Al vivir en una relación o un entorno abusivo, podemos llegar a la conclusión de que somos pequeños y carecemos de cualquier valor o importancia. No es el entorno lo que nos afecta tanto, sino todas las creencias y lecciones que la mente ha deducido de vivir en ese entorno.[4] Por lo tanto, los rasgos codependientes pueden desarrollarse precisamente para luchar contra esas creencias y emociones de inutilidad e inadecuación. Por ejemplo, alguien puede comportarse como un cuidador exagerado con una persona que consume alcohol sólo para sentirse querido. Salvar a los demás puede darnos una fugaz sensación de validación e importancia, aunque a la larga sea una mala idea. Intentar curar un trastorno mental o una adicción nos hace sentir bien.

Otra causa se refiere a los estilos de crianza. Si tuvo un padre que era extremadamente protector y le protegía de todo mal, tratando de vivir a través de usted, podría aumentar la probabilidad de desarrollar codependencia. Tal vez haya tenido un gran entorno y se pregunte ¿por qué he acabado aquí? Puede ser porque no se le dio la autonomía necesaria para el desarrollo. Los padres toman todas las decisiones, por lo que los niños aprenden a ignorar lo que creen o piensan. Poco a poco, ese niño puede deducir que "lo que siento no es importante, es mucho más importante conseguir la aprobación de los demás".

Para nuestra mente, no importa realmente si las experiencias fueron positivas o negativas. Lo que importa son los patrones y las creencias que hemos formado. [5] Si nuestras experiencias han formado creencias que nos muestran que somos inadecuados, irrelevantes y defectuosos, entonces los problemas comenzarán a introducirse en nuestra mente.

Por lo tanto, nuestros enemigos no son ni el entorno perjudicial en el que crecimos ni las personas que nos perjudicaron directa o indirectamente. Nuestros verdaderos enemigos son las creencias y los pensamientos que nos hemos formado como resultado de esas experiencias vitales. La amarga verdad es que no podemos borrar o cambiar el pasado, pero podemos trabajar sobre las creencias que se han grabado en nuestra mente. Y esa es exactamente la razón por la que decidí escribir este libro, para ayudarle a cambiar esas creencias falsas y poco saludables. Por lo tanto, en un capítulo posterior, aprenderemos a desafiar y luchar contra estas creencias que pueden alimentar la codependencia, privándolas del poder que tienen sobre nosotros.

SECCIÓN PRÁCTICA: ¡ADELANTE!

Cada capítulo incluirá una sección práctica que le ayudará a conocer los problemas a los que debemos enfrentarnos de una manera mucho más profunda. A menudo utilizaré una puntuación del 1 al 10 (1 significa nada en absoluto a casi inexistente, 10 significa mucho). Utilice una hoja de papel aparte o un diario para responder a estas preguntas. Tómese su tiempo. Tómese tiempo para reflexionar tranquilamente sobre ellas y repasar todo lo que ha conseguido:

- Utilice sus propias palabras para definir la adicción en su caso.

- ¿Cómo se ha desarrollado e instalado la codependencia en su caso?

- En una escala del 1 al 10, ¿cuánto afecta esto a mis: resultados, relaciones y cómo me siento?

- Escriba tres situaciones ocurridas esta semana en las que haya demostrado autonomía (la capacidad de resolver las cosas por sí mismo).

CAPÍTULO 2

¿CÓMO SON LAS RELACIONES CODEPENDIENTES?

"El reconocimiento de una sola posibilidad puede cambiarlo todo".- Aberjhani

Es bien sabido que lo que llamamos codependencia no entra dentro de un trastorno mental específico. Por lo tanto, no encontraremos este problema en el DSMV (Manual diagnóstico y estadístico de los trastornos mentales, 5ª edición). La razón principal es que muchos de los síntomas se aplican a muchos otros trastornos. A continuación, detallaré los principales síntomas, pero es importante entender que no es necesario tenerlos todos. [6] Tal vez sólo tenga uno de ellos, pero su intensidad es muy fuerte. Por lo tanto, a causa de él, la calidad de su vida se verá afectada.

1. BAJA AUTOESTIMA

La codependencia puede afectar fuertemente a la imagen que tenemos de nosotros mismos. Podemos percibirnos a nosotros mismos como débiles, inútiles, estúpidos y poco atractivos sólo porque no ayudamos a los que nos rodean. Así, surgen emociones y sentimientos de vergüenza e inutilidad. Si no valoramos nuestras propias fuerzas, podemos intentar empujar a los demás para que lo hagan por nosotros.

2. LA NECESIDAD DE SALVAR A OTROS

No me malinterprete, no hay nada malo en ser amable y empático con quienes nos rodean, pero este rasgo puede llevarnos a creer que es nuestro deber proteger a nuestros seres queridos de todo el mal del mundo. Por lo tanto, si alguien cercano a usted hace algo malo, tenderá a "arreglar" la situación. Y esto puede llegar a ser destructivo para ellos y para nosotros porque les impide ser independientes, asumir responsabilidades y, por tanto, aprender de sus propios errores. Además, si sufren una adicción, aumenta la probabilidad de que se mantenga y se perpetúe porque queremos asumir la responsabilidad de que empiecen a cambiar de opinión y de vida.

3. NEGACIÓN CONTINUA (AUTONEGACIÓN)

Una persona codependiente casi siempre pondrá a los demás en primer lugar y dará prioridad a su felicidad y bienestar sobre el suyo propio. En pocas palabras, esta persona negará que necesita descanso, apoyo emocional, atención, empatía y amor. Sin embargo, si llega a la conclusión de que necesita todo esto, su primera tendencia será la de sentir culpa, vergüenza o ansiedad. Al estar acostumbrada a negar siempre, esta persona tiende a sentirse ansiosa si alguien le ofrece ayuda.

4. LA NECESIDAD DE COMPLACER A LA GENTE

Si se encuentra en una situación en la que casi todo el tiempo tiende a cambiar sus planes, sus pensamientos, su comportamiento, sus emociones "para que todo el mundo se beneficie", usted es un complaciente de la gente. Usted anhela la validación. Necesita ser apreciado, deseado o amado. Si alguien es infeliz, usted puede empezar a sentirse ansioso. Si alguien le hace una oferta para salir, por ejemplo, pero usted se siente mal y prefiere quedarse en casa, no dirá cómo se siente o qué piensa. Simplemente irá a pesar de su estado de ánimo actual. En las relaciones románticas, usted siempre intenta ser perfecto y hacer las cosas a la perfección. No le gusta aceptar todo o lo que sucede, pero se siente mal si rechaza lo que se le ofrece o habla como se siente. La palabra más utilizada de una persona que siempre quiere complacer a los demás es SÍ.

5. LÍMITES DISFUNCIONALES

Si su autoestima está afectada, se reflejará en el comportamiento y en los límites que se imponen, ya sea sobre las limitaciones materiales, físicas, emocionales o mentales. Por lo general, las personas que han sufrido diversas formas de abuso en la infancia tienen dificultades para establecer correctamente los límites, o bien los establecen de forma incorrecta o no los establecen en absoluto. Los límites pueden verse afectados en muchos ámbitos de la vida, por ejemplo, cuando es crucial decir: "No, gracias; eso me molesta".

6. BAJA EXPRESIVIDAD EMOCIONAL

Como siempre cree que lo que piensa, siente o imagina no tiene mucha importancia, puede ser bastante difícil identificar cómo se siente realmente en diferentes contextos. Porque ha enseñado a su mente a creer que "no importa realmente lo que siento", "no es tan relevante de todos modos", "a nadie le importa". También puede haber dificultades para comunicarse honestamente y sin rodeos, siendo la comunicación estática, ordinaria, muy superficial y de la superficie.

7. DEMASIADA ADICCIÓN Y MIEDO AL RECHAZO

Si se ha acostumbrado a invertir en los que le rodean durante años, una consecuencia normal es que se descuide por completo. Usted depende por completo de aquellos en los que ha invertido, pero no conoce sus aficiones, emociones, objetivos o necesidades. Lo que las personas a las que da prioridad deciden por usted es mucho más importante que lo que usted decide por sí mismo. Son más importantes sus decisiones sobre usted, no las suyas. ¿Le resulta difícil iniciar proyectos personales, poner en práctica sus ideas o tener ideas personales?

Al estar tan conectado con la persona que ama, existe la posibilidad de que tenga miedo de quedarse solo o de ser rechazado. Esto se debe a que ellos tienen el poder de satisfacer las necesidades que usted tiene. Por lo tanto, puede tener escenarios sobre el rechazo, el abandono, o interpretar los indicadores neutros como claras señales de rechazo.

Otros síntomas importantes que pueden aparecer: siente que es responsable de los demás en lo que respecta a las emociones, las decisiones, los pensamientos, su bienestar; se anticipa casi siempre a las necesidades de los demás; siempre intenta complacer a los demás en lugar de fijarse en lo que necesita; se siente atraído por personas que tienen necesidades diferentes; se aburre y se siente vacío e inútil si los que le rodean no tienen una crisis importante en su vida o un problema que resolver; a menudo se siente enfadado, víctima, no apreciado y utilizado.

Las personas que sufren de codependencia también tienden a: proceder de familias disfuncionales o problemáticas (aunque no es necesariamente una obligación absoluta) y negar que la familia de la que proceden haya tenido ciertos problemas o deficiencias, culparse por absolutamente todo, rechazar los cumplidos o los elogios, estar convencidos de que no son lo suficientemente buenos, sentirse avergonzados de lo que son, conformarse con que les necesiten, empujar sus pensamientos y sentimientos al máximo debido al miedo y la culpa, y tener importantes dificultades de comunicación.

De entrada, quiero dejar claro que sólo he trazado algunas pautas para que las siga. Es posible que luche con otros síntomas que no he descrito en este libro. Cada mente es diferente, por lo que los síntomas y las experiencias pueden ser extremadamente diferentes. He optado por centrarme más en el aspecto del tratamiento porque hay muchos recursos y libros que describen con mucha más profundidad, quizá demasiado, los problemas que pueden surgir. En cambio, quiero dejarle una herramienta precisa para identificar los síntomas y poner las cosas en orden.[7] <u>Aquí está el enlace al que se puede acceder.</u>

SECCIÓN PRÁCTICA: ¡HAGAMOS LO QUE PODAMOS!

- Añada a la lista de los síntomas anteriores. Construya su lista de síntomas. Intente revisar también otros materiales si no le satisfacen.

- Para cada síntoma, escriba una puntuación del 1 al 10 en función de lo mucho que ese síntoma afecta a su vida (por ejemplo, negarse a sí mismo: 9, complacer a la gente: 4).

- ¿Cuáles son los síntomas que tienen las puntuaciones más altas y producen más angustia?

CAPÍTULO 3

SOY CODEPENDIENTE, ¿Y AHORA QUÉ?

"¿No sabes que nadie puede obligarte a ser una mierda? Sólo puedes dejar que ocurra".- Juxian Tang, Zero Tolerance

Como se ha mencionado en los capítulos anteriores, comenzaremos a trabajar gradualmente y con mayor atención en las cosas que causan dolor y angustia. Pero para poder lograrlo, es necesario establecer algunas cosas básicas desde el principio.

Usted es igual de especial.

Acostumbrados a vivir progresivamente bajo la sombra cautivadora de nuestros seres queridos, podemos concluir que no somos tan importantes. Cuando definimos nuestro valor, belleza y bienestar en función de la persona que mantiene la codependencia, tenemos la mala costumbre de invalidar nuestras propias necesidades.

Por eso, este capítulo está dedicado a todos aquellos que "no necesitan nada de nadie". Escribo estas palabras para todos aquellos que no pueden permitirse pasar por un periodo difícil, para todas aquellas personas cuyo fracaso no significa tanto, y aquellos deseos y planes reprimidos e incumplidos ya no tienen sentido. Estas líneas son para aquellos cuyos pensamientos no son significativos y cuyos problemas no merecen ser mencionados.

Estas líneas son para aquellos que se repiten constantemente: "No merezco nada; no importa de todos modos; no era tan relevante de todos modos; no necesito nada especial".

Escribo para aquellos que están plenamente convencidos de que tener necesidades y expresarlas no es tan importante, por lo que dejaron de tenerlas. Y no sólo dejaron de tenerlas, sino que las embotaron y enterraron, deshaciéndose siempre de ellas. De hecho, estos pensamientos son para todos aquellos que han aprendido que la negación y la autoinvalidación es la forma más eficaz de protegerse de la decepción, seguida de la creencia de que sus necesidades no son importantes y no serán aceptadas o satisfechas. Dado que las personas cercanas a nosotros tienden a negar nuestras propias necesidades, parece normal que nosotros también vivamos negando. Como intentamos evitar el dolor, la negación y la autoinvalidación pueden convertirse en la principal estrategia para afrontar las cosas.

Nunca pude comprender del todo (tal vez debido a mi mente limitada) por qué los demás son más importantes que nosotros. ¿Por qué no importan tanto nuestras necesidades? ¿Por qué no deberíamos ser tan especiales como ellos? No importa si te quieren o no; eres tan especial y tan importante como los demás. La negación es uno de los principales síntomas de la codependencia. Es un mecanismo de defensa que funciona inconscientemente y sin darse cuenta.[8] Para protegerse de ser herido y del dolor, usted utiliza este mecanismo llamado autonegación.

En pocas palabras, usted comienza a negar sus propias emociones y pensamientos. Básicamente, niega cualquier forma de conflicto que pueda surgir en su interior. Se niega a expresarse y a decir lo que le molesta. Incluso puede negar que tiene rasgos de codependencia. Usted ve las cosas y su situación como si no tuviera opción. Haces todo lo posible para evitar el dolor y las viejas heridas. Niegas incluso tus propias necesidades, y puedes sentirte avergonzado cuando te atreves a pensar en ellas. Niegas todo lo que puede ser negado. Esto le protege a corto plazo, pero a largo plazo le perjudica. En algunas situaciones concretas, la negación no es necesariamente una mala solución, pero no resuelve las cosas a largo plazo.

Tal vez haya acabado luchando y luchando contra la ansiedad, la depresión, las preocupaciones, un alto nivel de estrés y una pérdida total de sentido a causa de esta situación. Si ha llegado a este punto, debido a un contexto que le ha empujado a la codependencia, ahora es el momento ideal para ser sincero y ver la situación tal y como es. En mi libro, Cómo funciona la terapia cognitivo-conductual, profundicé y hablé de estas cuestiones mentales. Si cree que está luchando con ellos, creo que puede ser bueno para usted revisarlo.

A continuación, quiero darle algunas estrategias cognitivo-conductuales para ayudarle a dejar este patrón de negación y empezar a hacer las cosas de una manera mucho más saludable. De entrada, quiero advertirle y decirle que no será nada fácil. Pero, sin embargo, estoy seguro de que podrá aplicar progresivamente las herramientas que le ofrezco aquí.

1. COMIENCE GRADUALMENTE A HABLAR DE SUS PROPIAS NECESIDADES

Es exactamente como usted lo adivina. Permítase pensar que necesita algo, digamos atención. Intente hablar con otra persona sobre esto. Si es demasiado difícil, empiece a escribir en su diario sobre sus propias necesidades o emociones. Empiece a contar a sus seres queridos cómo se siente. Si quiere tener más posibilidades de éxito, planifique las cosas de forma inteligente: esta noche a las 21 horas, cuando mi marido termine de comer, le diré que me siento cansada, agotada y triste. Si esto le resulta difícil, intentaré ofrecerle otras estrategias ganadoras en un capítulo posterior.

Es tan importante como para ellos. Su tristeza no es más importante que la suya. Muchas de nuestras necesidades también son legítimas. Esas necesidades pueden ser satisfechas. Aunque hablar de estas cosas al principio nos haga sentir miedo, no rehúya sus propios dolores y emociones. Déles la oportunidad de salir de usted. Esto está en antítesis con la negación; esto significa aceptación. Acepte que se siente mal. Acepte que algunos comportamientos NO están bien y que le afectan negativamente. Acepte e intente expresarse.

2. IDENTIFIQUE CADA VEZ QUE PIENSE QUE SUS NECESIDADES SON UN SIGNO DE DEBILIDAD

De hecho, aceptar que tenemos ciertas necesidades emocionales o físicas nos coloca en una posición de vulnerabilidad. Puede hacer una tabla de observación en la que anotar cada vez que aparezca esta creencia. Con el tiempo, el simple hecho de medir su frecuencia la reducirá. Aunque la vulnerabilidad parezca extraña, peligrosa y algo que nos asuste, estaremos a salvo si la exponemos a las personas adecuadas. Así que haga una lista de todas las situaciones en las que vea las necesidades como una debilidad. Podrá beneficiarse de esta lista más adelante en la feroz lucha contra la codependencia.

3. DEJE DE DISCULPARSE POR SUS PROPIAS NECESIDADES

Cuando uno tiene el valor de hablar y mencionar lo que piensa y siente, no viola ningún código de conducta. Usted hace lo que hace un hombre libre. La tendencia es a sentirse culpable y arrepentido por haberse atrevido a tener sus propios pensamientos. Pero está justificado querer algo, tener exigencias, tener sus propios pensamientos. También está justificado pedir algo. Por hacerlo, no está cometiendo ningún error o iniquidad; por lo tanto, deje de disculparse. Más bien, agradezca a quien escuche sus exigencias o pensamientos, por ejemplo: "Necesito que me escuches unos minutos. No me siento muy bien. Gracias por tomarte el tiempo de escucharme".

En el momento en que se disculpa por lo que necesita, prácticamente transmite de forma sutil a su mente que es un poco problemático querer lo que quiere. Por lo tanto, deje de pedir disculpas. Empiece con el "Gracias". "Quiero o necesito esa cosa y gracias".

4. NO REBAJE SUS EXPECTATIVAS

Como nos hemos acostumbrado cada vez más a descuidarnos a nosotros mismos, hemos aprendido a anticiparnos al hecho de que los demás "no nos valorarán", así que, para no incendiar la paja de la decepción, minimizamos la importancia de nuestras propias necesidades. Y así, hacemos escenarios sobre lo ocupados que están los demás, lo importante que es lo que tienen que hacer, nuestros problemas no son tan graves. Si los demás insisten y prestan atención a nuestras preocupaciones, podemos tener mucho miedo. No estamos acostumbrados a esos tratos. Los consideramos pasajeros. Seguramente, después se sentirán decepcionados, ¿verdad? Entonces, ¿por qué molestarse?

Como he dicho antes, intente tener el mismo nivel de exigencia que ofrece a los que le rodean. Si ellos se merecen mucho, usted ciertamente se merece mucho. Está bien tener expectativas. Usted es igual de relevante. No lo olvide.

Imagínese su recuperación como una escalera de peldaños

El primer paso a subir es exactamente el que hemos discutido en este capítulo. Empiece a destruir pacientemente todo rastro de negación. Tendrá que armarse de paciencia y atención, que son extremadamente necesarias para que este proceso funcione. Será extremadamente complicado, pero este esfuerzo merecerá plenamente la pena. Este capítulo probablemente no será suficiente para ganar la batalla contra la negación, pero sin duda es un buen punto de partida. En los siguientes capítulos, intentaré ayudarle a aplicar diversas herramientas para aumentar sus posibilidades de ganar. Además, utilice la sección práctica del final del capítulo para aumentar sus posibilidades de éxito. Y ahora, pasemos al siguiente paso. ¡Camine conmigo con gran confianza!

SECCIÓN PRÁCTICA: ¡ADELANTE!

- En una escala del 1 al 10, ¿en qué medida evita hablar de sus propias necesidades?

- ¿En qué contexto intentará hablar de sus propias necesidades y qué dirá exactamente?

- ¿Cuáles son sus contextos favoritos de negación?

- Escriba tres razones por las que sus necesidades son tan importantes como las de las personas que le rodean.

- ¿Cuántas veces esta semana ha pedido perdón por sus propias necesidades?

- Elija deliberadamente tres contextos en los que hará una petición seguida de un "gracias", no de una disculpa. Escriba con datos concretos: lugar, hora y lo que dirá (más o menos).

- En una escala del 1 al 10, ¿qué importancia tiene lo que pienso, siento o recibo?

CAPITULO 4

CÓMO DEJAR DE SER COMPLACIENTE

"Me dirijo a todos de la misma manera, ya sea el que recoje la basura o el presidente de la Universidad".- Albert Einstein

Ser complaciente significa que casi siempre dice SÍ, aunque sepa muy bien que la respuesta correcta es NO. No, de hecho, usted no quiere comprar ese producto. No, tampoco quiere aprovechar esa gloriosa oferta. No, ni siquiera quiere salir con su novia esta noche porque no se siente lo mejor posible. No, no quieres. Pero aun así, dices que SÍ, y así es como las cosas empiezan a ir por una pendiente interesante y destructiva. Y si experimenta rasgos codependientes, hay una alta probabilidad de que este síntoma le altere y le haga caer de rodillas con bastante frecuencia.

El hecho de que quiera hacer felices a los demás es algo especial. Y realmente es algo maravilloso, y te aprecio por ello. Mostrar amabilidad y generosidad a quienes le rodean es algo admirable. También mostramos verdadera camaradería cuando a veces elegimos poner las necesidades de los demás por encima de nuestros deseos.

Sin embargo, muchos de nosotros tendemos a exagerar un poco con estas cosas maravillosas. Así llegamos a un punto en el que nos esforzamos por hacer felices a los demás a costa de nuestras propias necesidades. Y entonces las cosas empiezan a convertirse en grandes problemas.

En primer lugar, no podemos hacer feliz a alguien. Por supuesto, podemos aportarles algún matiz de alegría y alegrarles el día, pero no podemos controlar directamente el nivel de felicidad de cada persona. [9]

¿QUÉ SUCEDE CUANDO SOMOS COMPLACIENTES CON LA GENTE?

Normalmente, cuando intentamos complacer a quienes nos rodean, utilizamos una forma de comunicación que no siempre es la más útil en las relaciones. Se llama comunicación pasiva. En otras palabras, lo que hacemos es guardar un gran silencio sobre lo que sentimos o las necesidades que tenemos. Ponemos la cabeza en el suelo y decimos SÍ a todo, cuando en realidad nuestro corazón y nuestra mente dicen ABSOLUTAMENTE NO, no quiero salir contigo. Y los datos de la literatura especializada son bastante claros en este sentido. Este tipo de comunicación tiende a crear muchos problemas. Nos guste o no, todos tenemos necesidades diferentes, y cuando las reprimimos durante mucho tiempo, puede dar lugar a mucho resentimiento y luego a una comunicación pasivo-agresiva o basada en la agresión. [10]

Al mismo tiempo, la comunicación pasiva puede ser bastante incómoda para la otra persona porque envía mensajes contradictorios. Si decimos que sí, mientras que nuestro lenguaje no verbal, por supuesto, dice que no, es ciertamente bastante frustrante para quienes nos rodean. Por lo tanto, la comunicación pasiva a largo plazo puede provocar ansiedad, depresión, estrés, agotamiento o baja autoestima. [11] Básicamente, lo que transmitimos a la mente cuando utilizamos la comunicación pasiva es lo siguiente "Las necesidades de los demás son importantes, las mías no". Progresivamente nos devaluamos a nosotros mismos.

¿QUÉ SIGNIFICA LA COMUNICACIÓN AGRESIVA?

La mayoría de las personas utilizan predominantemente uno de estos tres tipos de comunicación: pasiva, agresiva o asertiva. A veces también pueden utilizar combinaciones de ellos. Las personas que utilizan un estilo de comunicación agresivo suelen tomar lo que es suyo pase lo que pase. Suelen considerarse personas que intimidan y no tienen en cuenta: las necesidades, los sentimientos y las opiniones de los demás. Pueden alegar alguna forma de autojustificación o parecer superiores. A menudo humillan e intimidan a quienes les rodean o, en última instancia, les amenazan. [12]

La razón principal es que así han aprendido a conseguir lo que quieren. Las cosas empiezan a tener sentido, ¿verdad?

Aun así, ¿cómo puede dejar de ser una persona que complace a la gente?

La variante más actual y elegante que existe es la **comunicación asertiva**. [13] Con el tiempo, me he esforzado por ayudar a los pacientes a desarrollar esta habilidad. Es una habilidad que puede adquirirse, y quiero ayudarle a desarrollarla también. Para empezar, quiero señalar que este tipo de comunicación se basa en el respeto mutuo. Es un estilo de comunicación eficaz y diplomático al mismo tiempo. Ser asertivo significa que usted se respeta a sí mismo y está dispuesto a luchar por sus intereses y puede expresarlo abiertamente.

Comunicarse de este modo es importante no sólo porque garantiza el envío del mensaje, sino también porque se envía de forma respetuosa. La comunicación asertiva es directa y respetuosa. Si usted es una persona acostumbrada a comunicarse de forma más pasiva, puede que al principio este tipo de comunicación le parezca bastante agresiva.

Cuando decimos **comunicación asertiva,** nos referimos a que puede expresar positiva y negativamente las ideas y los sentimientos que tiene, todo de la forma más abierta, honesta y directa posible.

Los principales beneficios son que usted deja claras sus opciones, respetando también las de los demás. Notará que a medida que mejore en ello, ganará más confianza y su autoestima aumentará. Además, empezará a reconocer sus emociones mucho más fácilmente; básicamente tendrá que hacerlo. Al mismo tiempo, por mi experiencia con los pacientes, me he dado cuenta de que la mayoría de ellos acaban ganándose el respeto de otras personas, simplemente porque tienen el valor de verbalizar lo que necesitan. Y así será mejor, tanto para usted como para los que le rodean. Poco a poco notará que la ansiedad empezará a disminuir y el estrés asociado a la represión se reducirá considerablemente.

Hay algunas cosas clave que hay que tener en cuenta:

1. EVALUAR EL ESTILO DE COMUNICACIÓN QUE TIENE

Normalmente, tendemos a utilizar una determinada forma de comunicación, en función de nuestra experiencia. Por supuesto, todo ocurre de forma inconsciente y sin darnos cuenta.

¿Tiende a expresar sus pensamientos o se calla? Cuando termina todas las tareas que tiene que hacer, ¿suele decir SÍ a los demás? Antes de empezar a hacer cambios, tiene que ser muy consciente de cómo se comunica. ¿Es pasiva, agresiva o asertiva? Guíese por las descripciones que he hecho. Si no lo consigue, pida a alguien que le conozca que le diga cuál es la que más le conviene.

2. INDICADORES SIMPLES PERO MUY RELEVANTES:

Contacto visual: demuestra interés en la conversación y transmite sinceridad; por tanto, mire a su interlocutor. Por favor, no mire por la ventana mientras quiere que le escuchen. Si le resulta muy difícil mirar a los ojos de una persona, empiece a practicarlo deliberadamente. Fije deliberadamente, tantas veces como pueda, sus ojos en los de la otra persona, poco a poco, superará su problema de incapacidad para mantener el contacto visual. Si esto también le resulta difícil, elija unos ojos bonitos de una foto y empiece a mirarlos fijamente a los ojos. Con el tiempo, le resultará más fácil y divertido. ¡Atención! No se exceda en esta estrategia. Con el tiempo sabrá cuánto tiempo es cómodo para la otra persona mirar fijamente.

Postura corporal: párese derecho, frente a la otra persona, no debajo de la silla y sin las manos en el bolsillo, por favor. Mantenga la espalda recta, el pecho hacia delante y todos tenderán a alinearse bien.

o Gestos: ayudan mucho a entablar relaciones, y muestran el control que tiene, sea consciente de ellos.

o Voz: un aspecto crucial es el nivel de tonalidad, la modulación del tono según el contexto. Algunas situaciones requieren una ligera elevación de la voz, otras una bajada importante. Pero confío en que usted se convierta en un experto también en este aspecto.

o Momento: asegúrese de que es el contexto en el que realmente puede transmitir lo que tiene que transmitir y que es el momento de hacerlo. Por ejemplo, si quiere transmitir algo delicado a su pareja, mire a su alrededor; si está con sus amigos regocijándose libremente, probablemente concluirá que no es el momento adecuado. Una de las lecciones más valiosas que he aprendido de los pacientes es que la misma cosa dicha en diferentes momentos puede dar resultados increíblemente diferentes. Por lo tanto, asegúrese de que el momento esté a su favor.

o **Contenido**: la forma de transmitir sus pensamientos, emociones, opiniones, disgustos, etc., es mucho más importante que lo que realmente tiene que decir. Por lo tanto, practiquemos un poco.

La estrategia. ¿Cómo proceder exactamente?

1. SEA DIRECTO Y UTILICE EL PRONOMBRE PERSONAL YO

Cuando digo que es crucial ser directo, quiero decir que es fundamental centrarse en tres elementos principales: el comportamiento, las emociones y las consecuencias que tienen en nosotros. Permítame utilizar un ejemplo:

"Me siento triste cuando llega tarde a las reuniones. Creo que es una falta de respeto".

"Me siento poco apreciado cuando no me escuchan. No me gusta hablar conmigo mismo. "

"Me hiciste mucho daño cuando me dijiste eso. No me gusta que uses esas palabras".

2. ENSAYO DE COMPORTAMIENTO

Es una estrategia mediante la cual usted se anticipa y prepara el momento en que lo hará de verdad. Al principio no será natural, pero con el tiempo no tendrá que preparar nada. Esta técnica consiste en practicar la estrategia descrita anteriormente. No olvide: la primera persona, el comportamiento objetivo, sus emociones y la forma en que le afecta. Probablemente se dará cuenta, con la práctica, de que ya no tendrá tanto miedo de hacerlo cuando llegue el momento. También puede practicar con sus amigos; será divertido. No necesariamente tiene que compartir sólo cosas negativas. Por ejemplo: "Me siento apreciado cuando me escuchas. Me doy cuenta de que soy importante para ti". Practique hasta que le resulte lo más natural posible hacerlo.

3. EL DISCO RAYADO

Le ofrezco esta estrategia para que pueda utilizarla con las personas traviesas y manipuladoras, por ejemplo, (sin ánimo de ofender) para aquellos que realmente quieren venderle un seguro no deseado sea como sea. Esta técnica le dará confianza y mucha audacia porque le ayuda a ignorar todas las trampas verbales destinadas a manipularle. Si aprende a utilizarla bien, podrá neutralizar todos los argumentos irrelevantes contando su punto de vista. En pocas palabras, esta técnica consiste en repetir con calma la decisión que ha tomado, ignorando lo que le frena. Descubrirá que no necesita necesariamente gritar o hacer dramas, sino simplemente repetir la opción que le conviene. Cuando la otra persona intente convencerle a toda costa, repítale su opción como un disco rayado hasta que se dé cuenta de que está perdiendo el tiempo. Lo he hecho muchas veces con éxito. Cree sus propias versiones. Pongamos algunos ejemplos:

"Gracias por su oferta, pero por ahora no la aceptaré".

"Gracias, pero no me interesa".

"Ahora mismo, no quiero ninguno de los productos de los que me habló.

"No puedo asumir más proyectos en este momento".

Repita las mismas cosas claras hasta que la otra persona entienda que no va a cambiar su perspectiva ni sus decisiones. Tenga en cuenta que decir las cosas por su nombre de forma directa y respetuosa requiere tiempo y práctica. Y luego vuelva a practicar. Si ha estado acostumbrado a guardar silencio durante años, no se volverá asertivo de la noche a la mañana.

Por último, si le resulta difícil ser directo, otra estrategia útil es pedir más tiempo. Es posible que tenga emociones o que no sepa exactamente qué decir. Tendrá tiempo para preparar su respuesta y posiblemente utilizar una opción más cómoda para usted, como los mensajes de texto. Por ejemplo: "Su petición me ha cogido desprevenida. Necesito tiempo para pensar. Me pondré en contacto con usted en media hora".

SECCIÓN PRÁCTICA

- Analice las últimas conversaciones que ha mantenido. ¿Qué tipo de comunicación le caracteriza más a menudo?

- Escriba algunas situaciones en las que tenga que aprender a decir NO.

- Utilice la técnica del comportamiento de ensayo con su mejor amigo.

CAPÍTULO 5

ESTOY CONFUNDIDO, TRISTE Y SOLO. ¿QUÉ PUEDO HACER?

"Las cosas mejores y más bellas del mundo no se pueden ver ni siquiera tocar. Deben sentirse con el corazón".- Helen Keller

Todo lo que hacemos repetidamente, a lo largo del tiempo, tendrá ciertamente algunas consecuencias en nosotros. Y, como estamos acostumbrados a vivir nuestros días complaciendo o salvando a los que nos rodean, hay una alta probabilidad de que acabemos sintiéndonos extremadamente mal: depresión, ansiedad, tristeza profunda, vacío interior, ira. Ya sabe a qué me refiero.

Además, es casi imposible no sentirse abrumado en algún momento. [14] Te cansas de ayudar siempre a los demás. Te cansas de ver siempre cómo se desatienden tus deseos. Te cansas incluso de cansarte.

Sin embargo, cuando las emociones negativas toman el control de nuestras vidas, podemos hacer algo admirable para equilibrar la balanza de las emociones. Y podemos hacerlo si dirigimos nuestra atención a desarrollar nuestras emociones positivas. [15]

¿POR QUÉ DESARROLLAR EMOCIONES POSITIVAS?

Los estudios realizados sobre el desarrollo emocional positivo muestran que, a largo plazo, ayudan a maximizar nuestro potencial y también pueden ayudarnos a adaptarnos mejor a los problemas de la vida cotidiana. [16] En otras palabras, las emociones positivas traen consigo pensamientos y acciones positivas que tienen significado para nosotros. En el momento en que experimentamos emociones positivas, nuestra mente está preparada para emprender una serie de acciones diversas. Cuando nos sentimos bien, es más probable que hagamos lo que realmente nos importa. Y así, ganamos recursos a nivel físico, social y psicológico que nos impulsarán a obtener buenos resultados.

Cuando se siente bien, su mente es mucho más flexible y sus decisiones son mucho mejores. Otro aspecto fascinante es que las emociones positivas tienen la función de anular los efectos de las emociones negativas. [17] Básicamente, las emociones positivas funcionan exactamente como un amortiguador entre nuestro funcionamiento y las emociones negativas. [18] **Usted se siente bien, piensa bien y se comporta bien.**

¿Cómo equilibrar la balanza emocional?

Hay varias formas de equilibrar la balanza emocional, y me gustaría detallar lo más concretamente posible las que tienen un sólido apoyo científico: [19]

1. CULTIVAR LOS PLACERES DE LA VIDA

Entre todos los problemas y dificultades que tenemos que afrontar en la vida, podemos sentir placer en esta tierra. El placer llega en principio a través de las sensaciones que sentimos: olores, sabores, toques, sonidos e imágenes. Hay actividades finas y agradables que representan moléculas de alegría. Este tipo de actividades pueden alejar las emociones negativas o hacerlas mucho más soportables.

Hay dos reglas principales cuando nos proponemos cultivar los placeres de la vida:

a. Cultivarlas con la mayor frecuencia posible.

b. Prestarles atención cuando los cultivamos.

Por ejemplo, si miramos una puesta de sol, tengamos nuestra atención centrada allí, en lo que vemos, en las maravillosas sensaciones que se derivan de esa magnífica imagen. Estemos allí por completo, disfrutando de los tonos intensos, rojizos y brillantes, sin contaminar la puesta de sol con todo tipo de contenidos prohibidos. En otras palabras, mirar las maravillosas formas y colores del sol sin responder a 10 mensajes al mismo tiempo. La idea central es sencilla: Debemos intentar, tan a menudo como podamos, estar lo más presentes posible.

¿Cómo se procede exactamente?

El primer paso es hacer una lista de las actividades que producen sensaciones de placer. Se puede completar cada vez que descubramos algo que nos resulte significativamente placentero. Por ejemplo, algunas actividades concretas podrían ser: disfrutar de un té a solas, tomar un café en la terraza, tocar los pétalos de una flor y oler su perfume lentamente, dibujar, hacer algún trabajo en el jardín, etc.

El segundo paso es elegir una actividad agradable cada día y realizarla. Por ejemplo, elija disfrutar de una taza de café con tranquilidad.

El tercer paso es fundamental. Dedíquese en cuerpo y alma a esa actividad y, cuando la haga, hágala como si fuera la última. Intente eliminar cualquier perturbación apagando el teléfono, posponiendo cualquier otra actividad. La actividad debe realizarse lentamente, sin prisas, dándole el tiempo necesario. Deténgase de vez en cuando para ser consciente de las sensaciones que experimenta. Por ejemplo, vierta el café en la taza lentamente, escuchando el sonido de su flujo, note el color marrón y descríbalo en su mente. Huela el café. ¿Qué le sugiere? Sienta su calidez, sorba lentamente. ¿Qué siente en su boca? ¿Qué le recuerda? Concéntrese en la taza que tiene en la mano, observe su color, sopese su peso y aprecie la calidad del material.

Si nos dedicamos a una actividad placentera, pero nuestra mente está en otra parte cuando la realizamos, el placer que sentimos es débil y mínimo, y su codificación en nuestra memoria es irrelevante. Pero cuando nos dedicamos a ello, lo vivimos intensamente y lo conservamos durante mucho tiempo.

Cuando termine la actividad, recuerde durante unos minutos las sensaciones que experimentó. ¿Fueron agradables? Repáselas. Recordar produce una codificación intensa y fuerte en la mente.

Aproveche ese buen humor para realizar actividades útiles. Para obtener los máximos beneficios, el ejercicio debe realizarse con la mayor frecuencia posible y siempre que lo considere oportuno.

2. EJERCICIO DE LAS TRES BENDICIONES

Fue introducida por Martin Seligman y se describe con más detalle en su libro *Flourish*. Es una técnica bastante sencilla y aplicable a casi cualquier contexto. La idea que subyace es llevar un diario. Las reglas mencionadas anteriormente también pueden aplicarse a este ejercicio. Oblíguese a ser constante. Mantenga su mente presente cuando invierta tiempo en este ejercicio. Sólo cuando lo haga se sentirán plenamente los beneficios.

Cada día, al final de la jornada, escriba sobre tres cosas, específicas o generales, que le hayan ido bien. Por ejemplo, vi el amanecer. Me han apreciado por mi trabajo. Mi familia está sana y linda. ¿Sintió alegría hoy? ¿Por qué, qué pasó? A continuación, intente detallar y escribir por qué estas cosas fueron bien. Disfrute del momento. Piense en las cosas por las que su vida tiene sentido y vale la pena vivirla. Quiero hacer hincapié en una idea audaz. Incluso los escenarios más oscuros tienen matices de blanco. Estudié esta intervención en mi disertación realizada sobre las parejas. Los resultados muestran que esta técnica es muy potente y puede ayudar a reducir los síntomas de la depresión si se mantiene durante mucho tiempo. [20]

Para que los resultados sean notables, en la medida de lo posible, intente practicar este ejercicio todos los días a la misma hora. Al hacerlo, desarrollará un hábito que resistirá y será fuerte, por lo que no podrá decir que se "olvidó" o que había otras actividades "más importantes" que hacer. Compruebe su agenda y encuentre el momento ideal para hacerlo sin que le molesten; por ejemplo, todas las noches a las 21 horas.

3. EL SECRETO DE LAS EMOCIONES POSITIVAS

Elija una caja normal y mírela durante unos preciosos segundos. A partir de ahora, ya no será una caja normal. Le garantizo que será diferente a todas las cajas que ha encontrado hasta ahora. Será interesante y, sin duda, será atractiva.

En esta caja, empiece a anotar en unas tarjetas todas las experiencias maravillosas que ha vivido, todo lo que ha marcado su vida de forma significativa. Al aplicar esta técnica, notará que el recuerdo de estos acontecimientos hará aflorar todas las bellas emociones asociadas a los momentos extraordinarios de su vida. Todos los puntos fuertes, las alegrías, los logros, los libros especiales que leyó, una canción con valor emocional o las personas importantes para usted le alegrarán el día. Puede poner fotos, recuerdos, premios, diplomas o citas inspiradoras favoritas en un lugar cercano, donde le resulte fácil encontrarlos. Asegúrese de que todo lo que ponga en la caja desencadene una fortuna de emociones positivas.

Cuando se sienta deprimido o abrumado, vaya directamente a esa valiosa caja. Tómela y deje que todas las cosas buenas que contiene le sorprendan. Utilícela cada vez que sienta la necesidad de comprender lo difícil que ha sido llegar hasta allí. No se rinda; sigue siendo un campeón, aunque los problemas de la vida le dobleguen.

Mi deseo es que estas estrategias cognitivo-conductuales le ayuden a desarrollar emociones positivas lo más fácilmente posible. Estoy seguro de que le harán mucho bien. Puede buscar otras formas de hacerlo. Al hacerlo, podrá comunicarse más fácilmente con los demás y aplicar todo lo que aprendió en el capítulo anterior sobre la comunicación asertiva. Y preparará el terreno para lo que sigue en los siguientes capítulos. ¡Siga adelante!

SECCIÓN PRÁCTICA

- Reflexione sobre sus actividades. Anote las más agradables.

- Determine ahora el tiempo exacto que dedicará a observar las cosas buenas de su vida. ¿A qué obstáculos podría enfrentarse y cómo podría superarlos?

- Haga una foto de su caja especial. Envíela a su mejor amigo y dígale cuál es su significado.

CAPÍTULO 6

LA MEJOR MANERA DE DETENER SU CODEPENDENCIA

"El pensamiento es la flor; el lenguaje, el capullo; la acción, el fruto que hay detrás".- Ralph Waldo Emerson

El problema con la mayoría de los libros y recursos que abordan el tema de la codependencia es que rasca. Y sólo rasca la superficie. Prometen mucho, pero al final dejan la mayoría de los problemas sin resolver. En los últimos diez años, la ciencia nos ha permitido sacar algunas conclusiones precisas sobre la raíz del problema. Y espero que este capítulo le dé una perspectiva mucho más clara sobre los mecanismos subyacentes de la codependencia y el manejo de los síntomas de la misma.

Si prestamos atención, la gente suele pensar que sus emociones surgen directamente de las situaciones y acontecimientos de su vida. Así que quizá nos hayamos acostumbrado a percibir las cosas de esta manera. "Esa persona sospechosa me gritó y todavía estoy muy enfadado". Bastante normal, ¿no? "Mañana tengo un examen muy importante y estoy muy ansioso".

O tal vez solíamos pensar en los siguientes términos: "Vi mis bolsillos vacíos por la mañana y me sentí muy ansioso". El punto que quiero enfatizar es bastante simple. En cada ejemplo, nuestra mente destaca cómo la situación ha provocado nuestra respuesta emocional. Por lo tanto, la primera tendencia es pensar de forma similar a esta "Mis padres criticaron mis resultados y me siento muy avergonzado".

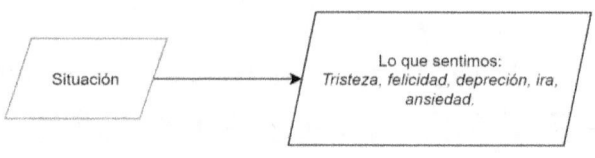

Figura 6.1.

Sin embargo, según la Terapia Cognitivo-Conductual, nuestros sentimientos en respuesta a una situación están determinados no sólo por la situación sino también por cómo percibimos esa situación o le damos un significado. [21] Hagámoslo más fácil. Supongamos que diez personas reciben la misma noticia. Sólo les quedan unos meses de vida. ¿Sienten todas la misma emoción al oírla? Evidentemente, no. Algunas de ellas lamentarán el riesgo que no corrieron; otras, la culpa por haber hecho cosas malas. Pero otros pueden estar tristes, no deprimidos: "He vivido tan bien como he podido, y mis sueños se han hecho realidad".

Quiero que comprenda una cosa interesante sobre el funcionamiento de nuestra mente: entre lo que ocurre y lo que sentimos hay pensamientos e interpretaciones de la mente. En otras palabras, las emociones que sentimos son generadas y proyectadas por nuestros pensamientos sobre una determinada realidad.

¡Lo que sucede realmente importa!

No quiero decir que las situaciones no puedan ser dolorosas por sí mismas. La realidad importa mucho, pero no determina nuestras reacciones. Cuando ponemos en cuestión los pensamientos, el problema es que actúan resaltando ciertos aspectos de la realidad

46

e ignorando otros. Algunos pensamientos nos ayudan a sentirnos bien, mientras que otros nos hacen sentir mal. La verdad es que muchos de los pensamientos que tenemos son voces que se han construido desde la infancia, a raíz de las experiencias que hemos tenido sobre los que nos rodean. Nuestras creencias provienen de ciertas experiencias o de las actitudes y comportamientos de quienes nos rodean desde una edad temprana.

Tomemos un ejemplo trivial. Supongamos que escucha un sonido en mitad de la noche. Si piensa "hay un intruso", es probable que sienta terror o miedo y responda saliendo de la habitación. Si piensa "puede ser mi compañero de piso, que está rondando la casa", es probable que sienta cierta frustración y molestia y responda iniciando una pequeña guerra con su compañero de piso. Es sencillo de entender. En una misma situación, podemos tener diferentes interpretaciones, diferentes emociones.

PENSAMIENTOS AUTOMÁTICOS

En el ejemplo anterior, el suceso es el mismo: un sonido fuerte en medio de la noche. Sin embargo, podría tener un pensamiento diferente y rápido para evaluar la situación. En la TCC, esto se llama *pensamientos automáticos.* [22] Los pensamientos automáticos "aparecen" en su mente y forman la emoción particular experimentada (miedo, culpa, molestia, ansiedad y rabia). Además, tienen un comportamiento resultante (huida, lucha y evitación).

Los pensamientos automáticos siempre aparecerán en nuestra mente cuando alguien nos moleste o nos critique, cuando conozcamos a la persona que amamos, cuando tengamos un gran éxito o un fracaso, cuando esperemos en una cola, básicamente, en todo momento.

Los pensamientos crean nuestros sentimientos y emociones. Nuestro sentimiento crea nuestro comportamiento, y el comportamiento refuerza ciertos pensamientos.

Es importante tener en cuenta que los pensamientos automáticos no son necesariamente una declaración de hechos. Pueden ser ciertas palabras, imágenes, recuerdos, una sensación física o estar basados en nuestra intuición y opinión, o en una sensación de simple conocimiento.

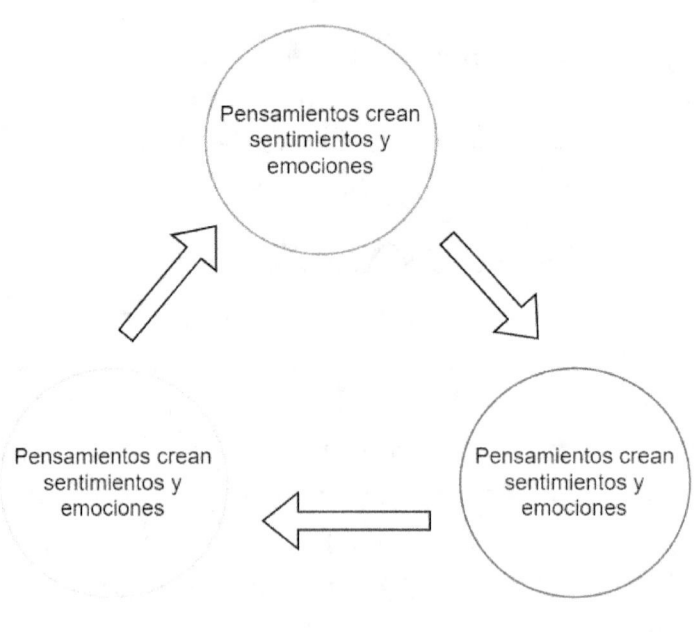

Figura 6.2.

En este capítulo, aprenderemos a desafiar y cambiar nuestros patrones de pensamiento. Algunos de nuestros patrones de pensamiento son tan habituales que son automáticos, y al igual que la conducción, cuando las cosas son automáticas, puede que no seamos conscientes de ellas.

Nuestra mente a menudo distorsiona las cosas, especialmente cuando tenemos pensamientos impresos que no quieren nuestro bienestar. En otras palabras, es como un molino que siempre funciona. Los resultados difieren en función de las previsiones que haga una persona. Si quiere tener una perspectiva más profunda de las causas de los problemas mentales, he detallado mucho más claramente las distorsiones de la mente en el libro *¿Cómo funciona la terapia cognitivo-conductual?*

LAS CREENCIAS QUE TENEMOS Y LA CODEPENDENCIA

Nos han transmitido muchas cosas desde que éramos niños, tanto buenas como malas. Del mismo modo, nuestras mentes tienen una imagen de cómo funcionan realmente las cosas. A continuación, detallaré algunos de los pensamientos que pueden ser más relevantes para el tema que tratamos en este libro. Tendrá que luchar mucho contra ellos porque estos pensamientos son los que desencadenan y mantienen la codependencia. Construya su propia lista. Complétela según los pensamientos que le hacen daño. Por desgracia, no puedo leer su mente en este momento. Será difícil y doloroso pasar por esto, pero al final, los resultados serán proporcionales al dolor soportado.

¿CÓMO SE PROCEDE? PROCEDIMIENTO ICAR

No le voy a mentir. Trabajar con los pensamientos es difícil y exigente. La mayoría de los pacientes huyen de esta fase agotadora. Es la principal razón por la que la depresión, la ansiedad, la ira u otros problemas no se van. Pero si no estamos dispuestos a cambiar nuestro patrón de pensamiento que suele causar y mantener este tipo de problemas, siempre nos perseguirá y acabaremos sintiéndonos cada vez peor.

El procedimiento **ICAR** consta de cuatro etapas fundamentales:

IDENTIFICACIÓN (I)

CONTRARRESTAR (C)

ALTERNATIVAS (A)

REPETICIÓN (R)

IDENTIFICACIÓN (I)

En la primera etapa, el objetivo es identificar los pensamientos que nos molestan. Podemos hacerlo analizando el lenguaje interior. ¿Qué cosas nos comunicamos a nosotros mismos cuando estamos deprimidos, ansiosos o enfadados?

A continuación encontrará algunos ejemplos de pensamientos que pueden surgir en momentos difíciles: "He decepcionado a todo el mundo. Soy un peso sobre los hombros de los demás. Soy culpable de todo lo que me pasa. Nadie se preocupa por mí. Soy un fracaso total. Nadie me necesita. Mis necesidades no importan".

Posibles pensamientos inútiles:

o 1. Soy responsable de todo lo que hacen los que me rodean.

o 2. Nunca puedo rechazar a los que necesitan ayuda.

o 3. Lo que quiero no es tan importante.

o 4. No soy tan especial y valioso como los que me rodean.

o 5. Soy diferente a todas las demás personas.

o 6. Las cosas buenas no pueden ocurrirme.

o 7. Me estoy volviendo loco si no lo estoy ya.

o 8. No soy capaz de tomar mis propias decisiones.

o 9. Nadie me querrá nunca.

o 10. Otros me dejarán en algún momento.

o 11. Es feo decir que no a las peticiones de los demás.

o Si me niego a decir NO, los que me rodean se irán.

CONTRARRESTAR (C)

Contrarrestar estas creencias automáticas requiere un cambio de actitud. [23] Los acontecimientos por los que pasamos pueden ser dolorosos y difíciles de aceptar. Pero debemos enfrentarnos a lo que nos ha sucedido. Al contrarrestar los malos pensamientos, éstos perderán su poder. Para alguien cansado y golpeado por el ataque de los pensamientos, este proceso de contrarrestar es una de las cosas más difíciles de hacer. Sin embargo, hay que atreverse. A continuación compartiré con usted varias formas de enfrentarnos a nuestros pensamientos:

1. Contrarrestar a nivel de comportamiento

Se puede hacer mediante experimentos de comportamiento o haciendo exactamente lo contrario de lo que los malos pensamientos le dicen que haga.

Contrarrestar a través de experimentos conductuales implica crear experiencias a través de las cuales podamos probar, directamente, a través de los hechos, los pensamientos que nos preocupan. Es uno de los métodos más eficaces porque la mente aprende mucho mejor que de las diversas explicaciones al utilizarlo. Esta técnica consiste en elegir un pensamiento y crear una situación a través de la cual podamos poner a prueba directamente ese pensamiento para comprobar su veracidad. Supongamos que uno de los pensamientos que le rodean y en el que cree es: "Si me niego a decir NO, los que me rodean me dejarán en paz".

¿Cómo procedemos? Podemos hacer nuestros amigos y preguntarles si realmente quieren dejarnos. Se sorprenderá cuando se dé cuenta de cuánto pueden diferir sus pensamientos de la realidad. Los experimentos de comportamiento se basan en el pensamiento que ha identificado. Encuentre variantes creativas y adecuadas a través de las cuales pueda probar la validez de sus pensamientos o lo que su mente inventa.

Contrarrestar mediante la técnica: Haga exactamente lo contrario de lo que le dice su mente

Es una estrategia útil porque nos muestra que podemos iniciar una acción opuesta al pensamiento que tenemos en mente. Por ejemplo, si el pensamiento nos dice que huyamos al desierto y nos aislemos de todo el mundo, hacemos exactamente lo contrario, buscamos deliberadamente el contacto con los demás. Si el pensamiento nos dice que nada tiene sentido, hacemos algo significativo y valioso que tenga sentido. Puede utilizar ambas estrategias de experimentación conductual o hacer exactamente lo contrario de lo que le dice su mente, dependiendo del tipo de pensamientos que le perturben.

2.Contrarrestar a nivel mental

Es una de las herramientas más utilizadas y actuales para disputar los pensamientos en psicoterapia. Las técnicas más comunes para reestructurar nuestros pensamientos son el análisis de pruebas, el análisis lógico, el análisis pragmático, las metáforas y las narraciones. [24] Análisis de la evidencia

Supongamos que el pensamiento que le impide hacer algo para sentirse mejor es: "Nada me hace sentir mejor". Nuestra tarea es ver si este pensamiento se apoya en la evidencia. Simplemente, pensemos en cuestionar esta idea. ¿Hubo algo hoy o ayer que me hiciera sentir mejor? La mayoría de las veces, se sorprenderá al descubrir que hubo tales cosas.

Ya sea un té que haya bebido, un paseo o una persona con la que haya hablado. Utilice las preguntas para analizar el pensamiento: ¿Realmente no hay nada que haga que me haga sentir un poco mejor? De este modo, notará cómo la estabilidad del pensamiento comienza a tambalearse de forma significativa.

Recuerde. Usted también es como un gran abogado, que hace todo tipo de preguntas que desafían sus pensamientos, creencias y expectativas, y que en última instancia ponen a prueba y desafían si son verdaderas o no y si le ayudan o le perjudican.

Se trata de corregir las conclusiones generales que hemos sacado de un acontecimiento concreto. Hay una gran posibilidad de que estemos equivocados cuando llegamos a conclusiones como "La vida es una carga. Se ha olvidado de mí. Nadie se preocupa por mí". Cuando llegamos a esas conclusiones, lo hacemos porque extraemos una regla general aplicada a una situación concreta.

Utilice las preguntas para examinar los pensamientos y corregir las conclusiones erróneas. Por ejemplo:

¿La vida siempre ha sido una carga?

¿Es lógico pensar que es una carga sólo porque estoy pasando por una situación difícil en este momento?

¿Existe otra alternativa a este pensamiento?

¿Cómo podría ver otra persona la situación?

Análisis pragmático

Es una de las estrategias que más prefieren los pacientes. Se trata de examinar la utilidad de un pensamiento. Supongamos que el pensamiento malo es el siguiente "Normalmente no soy bueno en nada; no tiene ningún sentido intentar otra cosa".

El siguiente paso es observar el impacto que este pensamiento tiene en usted. ¿Le ayuda realmente pensar así? ¿Cómo se siente cuando asume que no es nadie y que nada de lo que hace es relevante? Cuando este pensamiento le viene a la mente, ¿qué acciones le siguen?

ALTERNATIVAS (A)

Si hemos conseguido deshacernos de esos pensamientos difíciles que nos mantenían deprimidos, ansiosos, culpables o codependientes, es fundamental formular otros que los sustituyan para que esta ganancia se mantenga.

Otro contenido mental, sano y sin distorsiones, una alternativa funcional. Por ejemplo, si usted creyó durante mucho tiempo "Nada me hace feliz", una alternativa saludable para enfrentarse a esta creencia puede ser "Todavía hay una cosa o unas cuantas cosas que puedo hacer que me dan alegría". Puede ser beber té, salir a pasear con algunos de mis amigos más cercanos, o cualquier otra cosa.

Cuando note que el pensamiento negativo tiende a torturar de nuevo su mente, recuerde que es falso y dígase la versión verdadera y funcional. Repita esta variante funcional hasta que vea que el pensamiento falso se ha extinguido y ya no representa un peligro para usted.

REPETICIONES (R)

Aunque no sea cierto, la mayoría de los pacientes con los que he trabajado creen que si en algún momento han ganado la batalla con un pensamiento específico, el problema se ha resuelto. Pero esto es un concepto erróneo. Si ha reforzado un pensamiento falso repitiéndolo 1.000 veces, no resolverá el problema repitiendo la versión funcional sólo 100 veces. Se necesita repetición y paciencia.

La verdad le hará libre, pero debe ser señalada cada vez que la mentira tiende a aparecer. Si se dice a sí mismo 1.000 veces que es un perdedor que no ha conseguido nada, también afirmará por diez veces que ha hecho algunas cosas bien; ¿qué cree que tendrá más impacto sobre usted: esas 1.000 veces de pensamientos negativos o esas pocas afirmaciones positivas? La clave es repetir todo el proceso hasta que llegue al punto en que esté plenamente convencido de que ha ganado la batalla con ese pensamiento específico. Un pensamiento malo puede aparecer en varias situaciones. Repita todo el proceso hasta que vea que la verdad le ha liberado.

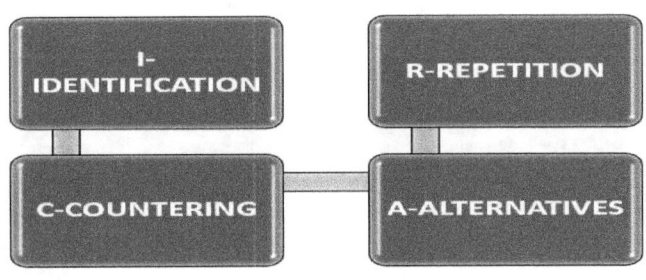

Figure 6.3.

No se rinda

Quiero compartir con usted esta increíble cita: "El mal pensamiento es cualquier pensamiento incontrolado. Los pensamientos deben servirnos, no tiranizarnos", Richard Wurmbrand. Puede que no sea capaz de contrarrestar ciertos pensamientos. Y esto es normal. Pero no se rinda. Los malos pensamientos significan malas emociones.

Al final de este capítulo, quiero recordarle que una vida con pensamientos sanos conduce a una mente sana. Los pensamientos negativos causan y mantienen la depresión, la ansiedad, la ira y la codependencia. Es importante recordar que nuestro pensamiento es el área más vulnerable de la mente.

Con la ayuda de las estrategias mencionadas en el capítulo anterior, le resultará más fácil cambiar ciertos pensamientos. A menudo, las emociones también influyen en los pensamientos, incluso si son los pensamientos los que crean las emociones. Así que, aguante. Espero que tenga la claridad necesaria para identificar los malos pensamientos, contrarrestarlos y sustituirlos sistemáticamente por otros sanos, verdaderos y positivos.

SECCIÓN PRÁCTICA

- ¿Cuáles son sus pensamientos más comunes que causan y mantienen la adicción? Escríbalos cuidadosamente.

- Planifique un experimento de comportamiento esta semana eligiendo uno de sus malos pensamientos. Escriba desde el principio lo que espera que ocurra y, por último, lo que realmente ocurrió. ¿Cuáles son las diferencias? ¿Qué ha aprendido?

- ¿Cuáles son los cuatro pasos de la estrategia de la ICAR?

- Haga tarjetas en las que escribir la versión alternativa de los malos pensamientos. Escriba cómo se siente cuando gana la batalla a un pensamiento: feliz, fuerte, confiado, ambicioso, esperanzado.

CAPÍTULO 7

EMPEZAR A GANAR AUTONOMÍA

"La autonomía es diferente de la independencia. Significa actuar con elección".- Daniel H. Pink

Si está librando una dura batalla contra la codependencia, una de las preguntas más comunes que la mantienen es ¿Qué cree que debo hacer?

Los rasgos codependientes tienden a paralizar y robar toda la autonomía. Usted tiene miedo de tomar sus propias decisiones. Tiene miedo de tener sus propios planes e ideas. Tiene miedo de saber lo que quiere. Se paraliza ante la idea de que las decisiones puedan ser totalmente suyas. La idea de que pueda tener sus propios valores y capacidades para cumplir sus sueños puede parecer abrumadora debido a que su mente fue condicionada a vivir para otra persona. Puede que incluso las decisiones más pequeñas se vean paralizadas. Y cuando realmente llega su turno, puede ser realmente aterrador. Pero es fundamental aprender a hacerlo bien cuando te toca, y este capítulo es un paso más en esta cruzada.

¿Por qué necesita desarrollar la autonomía?

La autonomía también significa libertad. Y es esa libertad la que aporta confianza. Al adquirir una buena autonomía, la autoestima aumenta. Si usted es una persona autónoma, confía en sus propias decisiones e iniciativas. Usted se conquista y se organiza.

Funcionas de forma independiente. Puede tomar decisiones informadas, conscientes y deliberadas, todo ello sin la participación de otras personas del exterior. En otras palabras, eres el más guay pero en tus propios términos. [25] Y disfrutas de ti mismo y de todo. Entonces, poco a poco, el miedo y la inseguridad son sustituidos por la confianza, porque sabes exactamente que tienes las habilidades necesarias para lidiar con el caos del mundo.

No intento engañarle; tener autonomía es duro, pero es precioso. Hay muchas razones por las que merece la pena trabajar en este departamento. Mencionaré sólo algunas de ellas. En primer lugar, las personas autónomas son más felices y se implican más en lo que hacen. Tienen una brújula y una bandera por la que luchar. Se sienten valiosos y motivados para desarrollar siempre nuevas habilidades. [26] Crean cosas. Siempre lo intentan y suelen mantener la cabeza alta en todas las batallas: las pierden o las ganan. Probablemente fracasan más que la mayoría de la gente. Pero probablemente descubren mucho más. Viven la vida exactamente en los términos que consideran relevantes. Son auténticos titanes, y eso es exactamente en lo que quiero que se convierta usted. De hecho, **la AUTONOMÍA ES EXACTAMENTE LO OPUESTO A LA CODEPENDENCIA**. Es exactamente donde queremos acabar.

Pasos que abren el camino a la AUTONOMÍA

1. EMPIECE A REDEFINIR SU MENTALIDAD

Ciertamente hay muchas razones por las que podemos haber perdido la confianza en pensar con claridad y hacer que las cosas funcionen. Cuando vivimos nuestra vida creyendo en mentiras y a menudo mintiéndonos a nosotros mismos (autonegación), el caos, la desconfianza en lo que podemos hacer, la capacidad de pensar profundamente se deteriora. Y poco a poco, nos volvemos más y más confusos e inseguros.

Poco a poco empezamos a odiarnos a nosotros mismos y a repetir que sólo tomamos decisiones estúpidas. Utilizamos nuestra mente para preocuparnos y negar nuestras necesidades, y así, nos cansamos, nos abrumamos y nos llenamos de depresión y ansiedad.

Pero quiero destacar un aspecto muy cierto. Usted puede pensar. Su mente puede funcionar en otros parámetros. Puede resolver cosas. Puede tomar decisiones. Puede averiguar cuáles son sus necesidades y valores. También puede trabajar para mejorar su autoestima. Puedes ser racional. Puede llegar a evaluar su comportamiento y convertirse en una mejor versión de sí mismo.

Todas estas cosas mencionadas anteriormente son posibles si usted comienza a trabajar en el cambio de sus creencias. Así es exactamente como debe pensar. Si utiliza la estrategia de la ICAR que describí en el capítulo anterior, derribará gradualmente lo que es viejo y construirá otros cimientos. Con su ayuda, podrá cambiar los resultados que está obteniendo. Además, las pequeñas victorias le ayudarán a construir otra mentalidad. Por lo tanto, utilice la estrategia; no la descuide. Es una de las mejores maneras de entender que ¡Usted puede!

2. ESTABLEZCA CON DETALLES SUS VALORES FUNDAMENTALES Y POR QUÉ VALE LA PENA VIVIR SU VIDA

Si ha vivido su vida pensando, planificando, hablando, imaginando y decidiendo como quieren los demás, le resultará difícil establecer sus valores y por qué merece la pena vivir su vida. Pero si sus pasiones, sueños y objetivos no están claros, será como un barco que no tiene timón y que aparentemente se mueve pero tiene dos grandes problemas: no sabe hacia dónde se dirige y no puede cambiar de dirección, todo porque el barco no tiene una brújula clara. El capitán no sabe por qué luchar. Si se ha atrevido a comprar este libro y a leer estas líneas, significa que ha llegado el momento de que se dé cuenta de cuál es su bandera y empiece a luchar con fuerza bajo ella. Todos los grandes guerreros saben exactamente por qué luchan. Y así la lucha tomará una forma diferente.

Quiero respetarte. Y este respeto implica decirle la verdad. Descubrir sus valores y por qué vale la pena vivir no es un trabajo de una página. No es un trabajo de un día ni siquiera de un capítulo. Es un trabajo duro y agotador; puede llevar meses o años.

La mayoría de los libros que abordan este tema hablan de que debe perseguir sus pasiones, sueños y objetivos, pero muy pocos le dicen exactamente cómo hacerlo. Por ello, el próximo capítulo estará dedicado en su totalidad a este asunto. Y creo que sus posibilidades de ganar autonomía mejorarán drásticamente gracias a ello. Pero los cambios serán lentos y consumirán mucha energía. Sin embargo, el resultado le dará la fuerza y el valor para luchar como un buen combatiente.

3. ASUMIR TODA LA RESPONSABILIDAD

Tiene que recordar que nadie vendrá a por usted para salvarle. ¿Me has oído bien? **¡NADIE VIENE A SALVARTE!** Ni tu mejor amigo, ni los padres, ni la esposa, ¡probablemente ni Dios mismo! Y yo creo en Dios. Si confía en los demás para satisfacer sus propias necesidades, no ganará confianza y le resultará difícil. Si deja que otros realicen las tareas de la vida por usted, perderá cada vez más confianza y se endeudará.

El primer paso es notar claramente aquellas situaciones en las que exagera para depender de los que le rodean. Empiece gradualmente a hacer cosas sencillas. Después, suba la apuesta. Si surge una oportunidad y se da cuenta de que le conviene, empiece a analizarla. Tómelo en serio. Usted es el único que puede cambiar la posición en la que se encuentra ahora. Un famoso filósofo francés, Sartre, solía decir que no importa lo que la vida haya hecho de nosotros. Importa lo que hacemos con lo que nos queda.

Otro paso igualmente importante es aplicar todas las estrategias y herramientas que le doy en este libro. Repase y trabaje en las secciones prácticas. Al hacerlo, acumulará algunas victorias importantes. Cuando crea que es necesario, busque otros recursos alternativos que le ayuden a tener éxito.

SECCIÓN PRÁCTICA

- ¿Qué es para usted lo contrario de la codependencia?

- Anote en un papel las situaciones concretas que requieren asumir responsabilidades.

- Elabore una lista de pensamientos que debe eliminar de su mentalidad. Retome la estrategia ICAR.

- Recompénsese por todo el trabajo realizado hasta ahora; puede ser una pizza.

CAPÍTULO 8

EL SECRETO DEL DESAPEGO

"El significado de la Vida es encontrar tu don. El propósito de la Vida es regalarlo".- Pablo Picasso

E n un momento dado, estaba escuchando a un paciente que hizo una afirmación inquietante: "He *echado de menos mi vida. Tengo 67 años y no he vivido ni un momento de mi vida para mí. ¿Qué demonios se supone que debo hacer con eso?"*.

Fue realmente un hombre extraordinario que tuvo un éxito tremendo. Solía resolver todo para los que le rodeaban. ¿Y por qué no? Al fin y al cabo es un director general. Siempre se ocupaba de todo, y los pesos pesados se agolpaban en sus maltrechos hombros. Su deber era estar siempre en guardia por cualquier persona, suprimiendo cualquier necesidad que requiriera ser satisfecha. Quiero que reflexione sobre un aspecto importante. Ahora es el momento de dejar de ocuparse de todo para examinar lo que hay en su interior.

NO SE TRATA DE EGOÍSMO

Como puede ver, soy partidario de compartir. Me gusta dar a los que me rodean, y creo que este aspecto sería apropiado para guiarnos, es decir, para tener objetivos más nobles y elevados que nosotros. Pero, al mismo tiempo, me alegraría que comprendieran que sólo podremos dar a los que nos rodean lo mejor cuando sepamos muy bien qué bienes tenemos. ¿Qué podemos ofrecerles?

¿Cuáles son los valores más preciados que podemos transmitir? ¿En qué posición trabajamos más eficazmente para el que está a nuestro lado? Espero que no lleguemos a los 67 años y lleguemos a la conclusión de que hemos errado completamente el tiro. Y por eso escribo estas líneas.

En todo el ruido de la vida cotidiana, tenemos muchas cosas que hacer, y la mayoría de nosotros ni siquiera pensamos conscientemente. Simplemente las hacemos. Sin retroalimentación, sin reflexión. Y debido a estas tareas repetitivas, a menudo olvidamos lo que es esencial. Olvidamos lo que realmente importa.

Me gustaría que respondiera a algunas preguntas que pueden doler al principio. ¿Para qué vive usted? ¿Cuáles son sus valores? ¿Ha vivido su vida o ha vivido según un guión escrito por otros, por ejemplo, sus padres, su novio, su empleador o su profesor?

Cuando vivimos nuestra vida exactamente como otros dicen que debemos hacerlo, poco a poco desarrollamos ansiedad, depresión y todo tipo de problemas, como los rasgos de codependencia. Por lo tanto, es necesario conocer nuestros valores. Al conocerlos, tenemos una dirección muy clara y una bandera de combate. Viviendo de acuerdo con ellos, golpeamos directamente contra la armadura de la codependencia.

¿CÓMO PODEMOS DESCUBRIR NUESTROS PROPIOS VALORES?

Escriba en algunas tarjetas las cosas que son realmente importantes

Coja una hoja A4, divídala en cuatro partes iguales y después en otras cuatro. Tome ocho o diez tarjetas. Escriba en cada una de ellas algo importante para usted: salud, dinero, éxito, carrera, hijos y amistades. No tenga prisa, siéntese, reflexione, piense. Cuando las haya escrito, colóquelas en una mesa frente a usted. A continuación, utilizaremos una estrategia llamada "elección forzada".

Cada minuto y medio, debe apartar una de las cartas. Es como renunciar a ese valor: Puedo vivir la vida sin dinero. Puedo vivir sin erotismo. Después de otro minuto y medio, ponga a un lado otra cosa. Cada 1 minuto y medio, saque un valor determinado. Ponga la carta a un lado, incluso si tiende a oponerse a ella.

De este modo, terminará con una en la mesa. La que se quedó en último lugar tiene un rango de 1. Dé a todas las demás cartas un número en el orden exacto en que las dejó. Así, se llega a una clasificación construida mediante la eliminación de ciertas opciones.

Una vez que tenga esta clasificación, escríbala en una columna, observe un día ordinario de su vida y anote absolutamente todas las actividades realizadas cada hora. Puede tomarse varios días y hacer varias plantillas. En una columna tiene sus valores y en otra las actividades que realizó en un día ordinario. Coincidir. ¿Cuáles son las actividades que realizó ese día y que corresponden a los valores más importantes que tiene? Para el valor familiar, ¿qué hice exactamente?

A continuación, vaya progresando. Para el segundo valor, ¿cuáles son las actividades que realiza? Al hacer esto, tratamos de ver si hay alguna congruencia entre lo que creemos que es valioso y lo que realmente hacemos. Es importante ver a dónde van todos nuestros recursos. Si lo que se presenta como importante no beneficia a nuestros recursos, no es importante, por ejemplo, nuestro tiempo. Si la profesionalidad es lo primero, ¿qué porcentaje del día he dedicado a la profesionalidad? ¿Es importante la amistad? Bien, ¿qué parte de nuestro tiempo hemos destinado a la amistad? Utilice ejemplos para destacar lo que significa la profesionalidad. Por ejemplo: trabajar 10 horas al día y estar lo más concentrado posible.

La incoherencia o incongruencia entre los valores y la forma en que vivimos conduce a la patología. Esta comparación nos hace reflexionar. ¿Qué es realmente importante para mí? ¿Dónde pongo mi mente, mi tiempo y mis emociones en mi vida? A menudo posponemos la reflexión sobre los valores y sobre nuestro tiempo. ¿Qué es realmente importante? Si la salud de mi mente es importante, ¿cuántos recursos estoy dispuesto a dar por ella? Este proceso es a menudo doloroso y desagradable. Pero conlleva la posibilidad de cambiar lo que hay que cambiar. De vez en cuando, es fundamental hacer este ejercicio. Así, es menos probable que no vivamos la vida según un guión escrito por quienes nos rodean.

LAS PREGUNTAS MÁS RELEVANTES DE LA VIDA

En uno de los cursos que más me impresionó, me dieron un golpe en la nuca. El mejor profesor que tuve nos hizo tres preguntas que me perseguían constantemente. Estas preguntas me siguen todavía. Y me gustaría dejárselas exactamente en la forma en que las recibí. No me dieron paz hasta que evalué a fondo mi vida. Pero al final, me ayudaron mucho. Si utiliza estas preguntas constantemente, hay muchas posibilidades de que no llegue a los 67 años y se dé cuenta de que ha perdido completamente su vida. Como decía Nietzsche, viva la vida en su momento, y así se sentirá orgulloso de sí mismo y ayudará realmente a los que le rodean.

2. ¿De qué vive exactamente?

3. ¿Por qué estaría dispuesto a morir exactamente?

4. ¿Ha vivido como quería?

En algún momento, las cosas ya no se pueden corregir. Por lo tanto, es crucial encontrar las respuestas a estas preguntas con antelación. Utilice esta estrategia como brújula para avanzar y llegar exactamente a donde quiere estar. Sea lo que sea, no podemos engañar a nuestra mente. En cambio, podemos vivir una vida con sentido. Somos más felices y tenemos más confianza en nosotros mismos cuando vivimos de acuerdo con lo que consideramos valioso.

SECCIÓN PRÁCTICA

- Nombre tres de sus valores más importantes.

- Analice la congruencia entre los valores que tiene y sus acciones. ¿Qué demuestran?

- Escriba una carta para responder a las tres preguntas que se encuentran al final de este capítulo.

CAPÍTULO 9

EL VALOR DE CAMBIAR: EMPEZAR A PINTAR SUS OBJETIVOS

"No espere; el momento nunca será el adecuado. Empiece donde está, y trabaje con las herramientas que tenga a su alcance, y se encontrarán mejores herramientas a medida que avance."

- George Herbert

En una conversación cercana con una compañera de la universidad, en un momento dado, me preguntó si siempre sabía exactamente lo que quería hacer o si hacía todas las cosas con la esperanza de que me llevaran a algún sitio y, con el tiempo, encontraría exactamente lo que quería hacer. Intenté darle una respuesta lo más sincera posible: ¿Quién demonios sabe exactamente lo que quiere hacer? Hay mucho caos en el mundo. Pero cuando empiece a poner las cosas en orden, se hará una idea clara de lo que le conviene y de lo que quiere hacer. Por lo tanto, si tiene una idea de sus valores, sígala.

Más tarde, surgirán otras pistas, y luego otras. ¿Tiene alguna pista? Excavaciones arqueológicas. Vuelva al capítulo anterior y vaya hacia sus valores. Si no lo consigue, busque un buen terapeuta que le guíe aún más.

EL VALOR DE TENER OBJETIVOS CLAROS

No somos codependientes. Somos seres humanos que han desarrollado ciertos rasgos codependientes. Y quiero que tenga en cuenta esto. Volveré a tratar este tema en el próximo capítulo. Pero hasta entonces, quiero señalar que estos rasgos codependientes a menudo no nos permiten disfrutar del lujo de establecer objetivos claros porque no analizamos lo que queremos o a dónde nos gusta viajar. Siempre cargamos sobre nuestros hombros lo que les ocurre a los demás. No consideramos que merezcamos que nos ocurran cosas buenas.

Los objetivos nos dan una dirección y un sentido claros. Pueden ser diarios, semanales, mensuales o anuales. Le animo a tener uno de cada categoría. Supongamos que quiere llegar a Roma. Si se sube al primer avión que encuentre y se limita a esperar llegar, probablemente no lo conseguirá. Convertir esto en un objetivo significa empezar a ir directamente a su lugar específico. Básicamente, no ir sólo por casualidad esperando que, finalmente, lleguemos a donde queremos. Lo mismo ocurre con la vida. Merece la pena vivir con un mayor nivel de conciencia. Con una dirección hacia la que tenemos que ir cada día. No es necesario tener todos los datos en su sitio, pero es importante partir con la idea de poner todo en orden.

Los objetivos también pueden ser bastante divertidos. A menudo generan entusiasmo y motivación. ¿Tiene la costumbre de aburrirse? Antídoto: Empiece a trazar sus propias metas. 27 Cuando se fija un objetivo concreto y se preocupa por él, empieza a ganar fuerza física, energía y entusiasmo para hacer las cosas. Está motivado porque tiene una idea bastante clara de lo que quiere. Se embarca en un curso en el que todo su ser, incluida la mente inconsciente, trabaja para lograr ese objetivo. No podemos engañar a nuestra mente. Si nuestra mente inconsciente no está comprometida con la consecución de un objetivo, a menudo dudaremos; nos sentiremos confusos y paralizados. Si la mente consciente e inconsciente sabe lo que hay que hacer, poco a poco empezamos a hacer las cosas automáticamente. [28]

CÓMO ENFOCAR LAS COSAS

1. De un deseo a una meta

A menudo deseamos cosas buenas. Por lo tanto, el problema no aparece en el nivel del deseo. Queremos ser más sanos, libres, fuertes y autónomos. Y este es el primer paso. Es extremadamente relevante pero, en última instancia, no es suficiente. El modelo RUBICON aborda [29]esta cuestión con más detalle. Cuando un deseo aparece en nosotros, debemos definirlo en términos de comportamiento. Por ejemplo: Qué significa empezar a trabajar en los rasgos codependientes: llevar un diario de las emociones que siento, escribir mis necesidades, luchar contra mis pensamientos utilizando el procedimiento ICAR. Una vez que comprenda sus propios deseos, asócielos con comportamientos claros. Al hacerlo, romperá sus deseos en piezas más pequeñas que encajarán más fácilmente.

2. Compruebe la congruencia entre los objetivos y el comportamiento periódicamente

Suponga que su objetivo es ser lo más autónomo posible y reducir al máximo los rasgos codependientes. ¿Qué ha hecho hoy para alinear las cosas con su propósito? ¿Qué hizo la semana pasada? ¿Qué hizo el mes pasado? Si se hace este tipo de preguntas, podrá responsabilizarse de su rendimiento. Tal vez se proponga leer un libro que detalle mejor los síntomas o que transmita ciertas cosas a su pareja. Ya tiene la idea. Incluso puede empezar a ponerse una nota cada día. Del 1 al 10, ¿cuánto me importa mi objetivo? De lo contrario, es posible que nos demos cuenta de que no vivimos la vida de acuerdo con las metas y los objetivos que tenemos. Y hay una gran diferencia entre vivir en congruencia con el propósito y sólo querer vivir así. Así que la pregunta es: ¿Cómo sabré que estoy trabajando en mi objetivo y que he conseguido alcanzarlo? [30]

3. Escriba sus objetivos directamente en el papel

Quizá su objetivo sea romper este vínculo de codependencia en su relación. O dejar de esperar tanto la validación, la aprobación y la atención de su pareja; ser más cuidadoso con sus propios pensamientos, emociones y deseos; y sentirse bien incluso cuando su pareja no esté a su lado.

Escriba este objetivo lo más claramente posible en algún lugar donde pueda verlo. Puede utilizar el armario, el escritorio, el fondo del teléfono. En cualquier caso, un lugar con el que se encuentre a menudo. A medida que escribimos lo que queremos, la mente inconsciente llega a entenderlo también. Y las posibilidades de éxito son mucho mayores. Nuestra atención y concentración funcionan mucho mejor cuando anotamos claramente las tareas que tenemos que realizar.

4. Recompénsese por su trabajo

La tendencia es recompensarnos al final de toda la guerra. Y normalmente, la recompensa está demasiado lejos y perdemos la paciencia hasta llegar a ella. Si llega a la conclusión de que ha trabajado para alcanzar sus objetivos al final del día, dése una recompensa rápida. Nuestra mente tiene la costumbre de repetir las acciones que considera agradables y evitar las que son dolorosas. [31] Así es simplemente como nos han condicionado. Así que dé ese pequeño paseo, hágase un homenaje con una buena taza de té y mímese cuando consiga mantener el ritmo. Poco a poco, su mente asociará esa acción con las emociones positivas que le producen las recompensas. Si quiere llevar las cosas al siguiente nivel, penalice los comportamientos que no se ajustan a sus valores y objetivos, por ejemplo, decir Sí cuando quiere decir

NO. Si penaliza adecuadamente esos comportamientos, con el tiempo su mente los asociará con el malestar y tenderá a evitarlos.
32

SECCIÓN PRÁCTICA

- Formular objetivos generales a largo y corto plazo: comunicar más claramente lo que pienso, visitar Roma, ir de vacaciones solo, practicar una afición, etc.

- Para cada propósito, establezca específicamente las acciones relacionadas: por ejemplo, para comunicarme más claramente: leer en voz alta durante 20 minutos, ejercitar la comunicación asertiva con mi amigo esta noche, escribir con detalles lo que siento, pienso o quiero.

- Analice la congruencia entre su objetivo final y sus acciones. En una escala del 1 al 10, ¿en qué medida cree que las acciones realizadas le llevarán a alcanzar el objetivo?

- Piense en un objetivo que haya conseguido: ya sea diario, semanal, mensual o anual. ¿Qué recompensa se dio a sí mismo por haberlo logrado?

CAPÍTULO 10

PRINCIPIOS SIMPLES E INTELIGENTES PARA VENCER LA CODEPENDENCIA

"Odié cada minuto de entrenamiento, pero me dije: No renuncies. Sufre ahora y vive el resto de tu vida como un campeón".

- Muhammad Ali

Con este libro, pretendo ser lo más breve y concreto posible. He llegado casi al final del viaje y me siento en deuda de dejar al lector mucho más de lo que he conseguido hacer hasta este momento. No pretendo haber entendido completamente cómo funciona la codependencia, pero tengo una idea mucho más clara de lo que se puede hacer. Por lo tanto, quiero dejarle algunos principios claros que le den las ventajas que necesita para ganar esta batalla.

Espero que sean pilares fuertes en los que apoyarse cuando las cosas tiendan a volverse locas. Al mismo tiempo, espero que iluminen su camino, ya que la oscuridad se ilumina a menudo con una simple vela. He leído un hermoso escrito y quiero compartirlo con ustedes: *"No se puede negar el hecho de que hay maldad en este mundo, pero la luz siempre vencerá a la oscuridad".*

PRIMER PRINCIPIO: HAGA EXACTAMENTE LO QUE DIJO QUE IBA A HACER

No saldrá victorioso cuando dude de sí mismo y no sepa exactamente quién es. Una de las mejores maneras de cuidar su autoestima es mantener su palabra. Mantener su palabra es muy importante. Por ejemplo, si ha dicho que va a aplicar las estrategias descritas aquí, hágalo y hágalo sin dudar. Si ha dicho que va a ser asertivo esta noche, hágalo pase lo que pase. Si ha dicho que va a rechazar a su amigo porque tiene planes completamente diferentes, haga exactamente lo que dice.

Así es como ganará confianza. Si cumple sus promesas, su mente sabrá que es serio y que puede confiar en lo que dice. Con el tiempo se construirá una reputación para usted. No necesita fuentes externas de admiración. Mantenga las promesas que hace. Si ha prometido levantarse a las 6 de la mañana para ir a entrenar, hágalo. Lo ha prometido. Sea extremadamente serio consigo mismo.

SEGUNDO PRINCIPIO: GUARDE SUS CREENCIAS CON CUIDADO

Es extremadamente importante prestar atención a nuestra vida de pensamiento. Muchas de nuestras creencias se han desarrollado a lo largo de toda una vida. Ya sabemos cómo se forman y mantienen los problemas. Usted no nació con dudas; no nació deprimido y desanimado o pensando que no vale nada. Todas estas creencias han sido colocadas en nosotros por fuentes externas. Ya sea que hablemos de padres sobreprotectores o de padres que no nos han dado la atención y el apoyo que necesitamos. También pueden estar implicados ciertos profesores, amigos o personas que ni siquiera recordamos.

Es sencillo: si piensa como una persona que tiene rasgos codependientes, así es como se definirá y se comportará a largo plazo. Si tiene la impresión de que usted no es tan importante y de que lo que piensa no es relevante, le aseguro que encontrará pruebas de la realidad que lo confirmen. En otras palabras, encontrará referencias sólidas. Si no las encuentra, distorsionará constantemente las pruebas. Por lo tanto, utilice a menudo el procedimiento ICAR y busque otras formas de prestar atención a los pensamientos y creencias que tiene. De ellos derivan nuestras emociones y comportamientos. Un mal pensamiento es malo siempre que le perjudique.

Uno de los esquemas o patrones más comunes a los que puede enfrentarse es el sometimiento. [33] Se manifiesta por el deseo de dejarnos controlar, dominar por los que nos rodean, ya sea sobre los comportamientos que "deberíamos" tener" o sobre las emociones que sería más "apropiado" sentir. Si tenemos este esquema, siempre podemos sentirnos amenazados de que nos abandonen, no nos quieran o nos consideren egoístas. Por lo tanto, esta es una de las cuestiones más importantes que debemos tener en cuenta

TERCER PRINCIPIO: USTED NO ES UN CODEPENDIENTE; ES UN SER HUMANO

Hay posibilidades de que el próximo año se encuentre en la misma posición que ahora, sin ninguna mejora. Los rasgos codependientes pueden ser difíciles de cambiar por dos razones principales: se intenta cambiarlos de forma incorrecta y no se cambia lo que hay que cambiar. Para que los resultados sean duraderos, es necesario trabajar en el cambio de su propia identidad. Esto implica cambiar su perspectiva del mundo y de usted mismo, incluidos los prejuicios que tiene sobre sí mismo.

Piense en dos personas que trabajan para dejar atrás los rasgos codependientes. La primera tiene la tentación de entrar en una relación disfuncional pero se da cuenta a tiempo y dice: "no, intento no ser una codependiente". El otro dice: "No quiero eso; no soy un codependiente". Aquí hay una pequeña diferencia, pero esta última muestra un cambio de identidad. La codependencia pertenece al pasado. Si se define como codependiente, esta creencia en el tiempo saboteará todos sus planes. Un comportamiento o una técnica que entra en conflicto con su propia identidad o con lo que piensa de sí mismo no durará demasiado. Es difícil cambiar sus rasgos si no cambia sus creencias por otras nuevas.

Cuanto más satisfecho se sienta con un aspecto de su identidad, más motivado estará para mantener los comportamientos y acciones asociados a él. Si está orgulloso de su autonomía, se ocupará de tener sus planes; si está orgulloso de sus emociones, las expresará. Si está orgulloso de su forma de comunicarse, lo hará cada vez más a menudo. Es sencillo; los rasgos codependientes son un reflejo de su identidad y sus creencias. Por lo tanto, tenga cuidado con las palabras que se utilizan para describirle. Vigile y reflexione sobre los pensamientos que viven en su mente: ¿cómo cambiar su identidad? Repita siempre las estrategias y herramientas que repite una persona libre, autónoma e independiente. Y ahora ya tiene algunas herramientas descritas por mí en este libro. Cada vez que tenga la oportunidad, decida qué tipo de persona quiere ser. Y hágalo precisamente porque no es usted un codependiente. Usted es una persona libre y humana que quiere cambiar algunos rasgos.

CUARTO PRINCIPIO: CUIDE SU RELACIÓN

Permítame hacerle una humilde pregunta: ¿Por qué cree que sus rasgos codependientes no se han extinguido todavía? Piénselo porque fueron plantados y regados en las relaciones que usted tuvo. Porque probablemente eligió esas relaciones basándose en los rasgos que tiene.

Ha elegido el tipo de pareja que mantiene lo que usted es. ¿Por qué? Porque es la forma más fácil que usted conoce. Sería totalmente incómodo haber elegido a alguien que no se ajusta a sus patrones y esquemas. Si mantiene sus rasgos, al menos sabe exactamente cómo ser. Por ejemplo, si está convencido de que es inadecuado, elegirá una pareja que le haga sentirse inadecuado. Así se valida usted. Porque eso es lo que realmente piensas de ti mismo. Usted sabe cómo ser inadecuado, es fácil para usted ser así; tiene habilidades en este sentido. Así que preste atención a las creencias y a cómo se mantienen.

Por lo tanto, evalúe sus relaciones. Ponga las piezas en orden. Si quieren seguir en contacto, hacen bien. Pero dígales sinceramente lo que sabe ahora y cómo le gustaría que siguieran las cosas. Utilice exactamente la comunicación asertiva de la que hemos hablado antes. Sin embargo, si mantiene el terreno fértil para mantener los rasgos codependientes, éstos no desaparecerán. Por lo tanto, necesita el apoyo y la comprensión de sus allegados. De lo contrario, puede que quiera reevaluar un poco sus opciones.

QUINTO PRINCIPIO: CONTROLE SÓLO LO QUE PUEDA CONTROLAR

Hay tres maneras de responder a los esquemas de codependencia. [34] La primera es la rendición. Prácticamente te rindes y capitulas impotente sin luchar por cambiar nada. Usted se considera más bien una víctima infeliz y sin el poder de cambiar nada. La segunda es la evasión. En términos más sencillos, es cuando usted finge que está lloviendo. Ya no le importa. Se protege al máximo de cualquier peligro. Y el tercer tipo de respuesta debido a estos rasgos codependientes es la sobrecompensación. Es cuando los que nos rodean dicen que nuestro deseo es sólo controlar todo. Básicamente, como uno se siente subyugado, intenta acusar, llorar, rogar, culpar y amenazar con hacerse daño. Esa rabia terriblemente aguda también puede venir de aquí.

INCREÍBLE EJERCICIO DE ATENCIÓN PLENA

Hay muchas cosas que podemos controlar. Como gran parte de nuestra recuperación. Pero no podremos controlar lo que hacen los demás o cómo responden los demás a nuestra recuperación. Lo que no podemos controlar merece ser aceptado. Las cosas son como son. Y la aceptación es, por supuesto, una habilidad y un arte que puede aprenderse. La atención plena es una de las mejores estrategias para aprender a mirar y aceptar las cosas como son sin juzgarlas ni evaluarlas. [35] Por ello, quiero terminar este escrito ofreciéndole un ejercicio de mindfulness, que puede practicar siempre que crea que necesita un poco de desconexión.

Este ejercicio pretende ayudarle a desconectar de los pensamientos, escenarios y emociones estresantes y a centrarse en lo que está ocurriendo en el presente. Por ello, es importante señalar que a menudo vivimos pero con la mente en el pasado o en el futuro. No disfrutamos de lo que tenemos ahora. No nos damos cuenta de los pequeños cambios que están ocurriendo ahora.

¿Cómo proceder?

Elija una vela y colóquela lo más lejos posible frente a sus ojos a una distancia de 20-30 centímetros. También puede ser aromática. Inhale y exhale profundamente. Inhale durante 4 segundos, mantenga la respiración durante 1 segundo y luego exhale durante 4 segundos. A continuación, durante 3 minutos, observe la llama de esta vela. Hágalo con calma y desapego. No se moleste, no frunza el ceño. Notará que se producirán diferentes cambios en el interior de la vela. Obsérvelos todos con desapego. Los pensamientos intentarán aparecer en su mente. Inhale durante 4 segundos, retenga el aire durante un segundo y luego exhale durante 4 segundos. Vuelva a la vela. ¿Qué ve? ¿Cómo es su llama? ¿Qué colores puede identificar? Notará cómo la cera se acumula alrededor de la mucosidad.

Observe pero no evalúe. No evaluar significa no dejarse llevar por los pensamientos. Están ahí, los ve, pero no coquetea con ellos. Deje que sus pensamientos pasen exactamente como las nubes pasan por el cielo. En algún momento, la mente se calmará y los pensamientos se calmarán. Sentirá algo de paz. Disfrute de este momento especial. Para que la eficacia aumente, se recomienda practicarla dos veces al día, al menos unas semanas. [36] Por lo tanto, la repetición es la clave. Espero que esta técnica le sea útil; a veces la utilizo para relajarme y se la doy a los pacientes que la necesitan. ¡Cuide su mente y su corazón!

CONCLUSIÓN

He escrito este breve libro para las personas que necesitan encontrar soluciones prácticas a sus problemas. Aunque hay muchos libros que abordan esta cuestión, no me satisfacen las soluciones que proponen. Muchas de ellas me parecían muy superficiales y difíciles de aplicar en nuestro día a día. Por lo tanto, decidí centrar mi escrito en sólo algunos de los problemas específicos que denuncian quienes tienen rasgos codependientes. Y quiero ser sincera, no fue nada fácil.

Este libro no es sólo una opinión. Aquí no encontrará sólo lo que creo y mis ideas. Estudié mucho y traté de revisar la literatura para encontrar información basada en la evidencia. Luego escribí basándome en mi corta experiencia en la práctica clínica. De todos modos, todavía estoy en el principio. Así que tenga paciencia conmigo y luego con usted mismo. Espero que este libro sea informativo y pueda proporcionarle todos los instrumentos que necesita para alcanzar sus objetivos.

Hemos llegado al final de este viaje, y esto es una señal sorprendente y muy alentadora. Quiero felicitar a todos los que han mostrado interés y paciencia y han llegado hasta aquí, invirtiendo en lo más hermoso: su mente. El siguiente paso es poner en práctica lo que han aprendido en la vida real. Sean constantes y serán recompensados. Probablemente sus problemas se han desarrollado con el tiempo. Por lo tanto, la recuperación le llevará algún tiempo.

Dado que mi propósito es mejorar siempre, agradeceré enormemente sus sinceros comentarios. Quiero mejorar las cosas en el futuro, así que puede compartir su opinión dejando una reseña sincera. Aquí tiene el enlace donde puede hacerlo: Le deseo buena salud y que se cuide.

P.D. Si está luchando contra otros problemas similares y quiere que escriba sobre ellos, por favor, hágame saber cuáles son, y haré todo lo posible por escribir sobre ellos.

BIBLIOGRAFÍA

¹ Bacon, I., McKay, E., Reynolds, F., y McIntyre, A. (2020). La experiencia vivida de la codependencia: Un análisis fenomenológico interpretativo. Revista Internacional de Salud Mental y Adicción, 18(3), 754-771.

² Morgan Jr, J. P. (1991). ¿Qué es la codependencia? Journal of clinical psychology, 47(5), 720-729.

³ Martsolf, D. S., Sedlak, C. A., & Doheny, M. O. (2000). La codependencia y las variables de salud relacionadas. Archivos de enfermería psiquiátrica, 14(3), 150-158.

⁴ Reyome, N. D., y Ward, K. S. (2007). Historial autoinformado de maltrato infantil y codependencia en estudiantes de enfermería. Journal of Emotional Abuse, 7(1), 37-50.

⁵ Johnston, C., Dorahy, M. J., Courtney, D., Bayles, T., & O'Kane, M. (2009). Modos de esquemas disfuncionales, trauma infantil y disociación en el trastorno límite de la personalidad. Journal of behavior therapy and experimental psychiatry, 40(2), 248-255.

⁶ Cermak, T. L. (1986). Criterios de diagnóstico para la codependencia. Journal of psychoactive drugs, 18(1), 15-20.

[7] Friel, J.C. (1985). Inventario de evaluación de la codependencia: Una herramienta de investigación preliminar. Focus on the Family and Chemical Dependency, 8(1), 20-21.

[8] Cramer, P. (2000). Los mecanismos de defensa en la psicología actual: Otros procesos de adaptación. American Psychologist, 55(6), 637.

[9] Easterlin, R. A. (2003). Explicando la felicidad. Actas de la Academia Nacional de Ciencias, 100(19), 11176-11183.

[10] Centro de Intervención y Prevención de la Violencia del Reino Unido. Los cuatro estilos básicos de comunicación.

[11] Antony, M. El libro de trabajo de la timidez y la ansiedad social, 2010.

[12] Rancer, A. S., y Avtgis, T. A. (2006). Comunicación argumentativa y agresiva: Teoría, investigación y aplicación. Sage.

[13] Pipas, M. D., y Jaradat, M. (2010). Habilidades de comunicación asertiva. Annales Universitatis Apulensis: Series Oeconomica, 12(2), 649.

[14] Anderson, N. T., y Miller, R. (2002). Cómo controlar la ira: Cómo superar el resentimiento no resuelto, las emociones abrumadoras y las mentiras que se esconden detrás de la ira. Harvest House Publishers.

[15] Carl, J. R., Soskin, D. P., Kerns, C., & Barlow, D. H. (2013). La regulación positiva de las emociones en los trastornos emocionales: Una revisión teórica. Clinical psychology review, 33(3), 343-360.

[16] Fredrickson, B. L., Mancuso, R. A., Branigan, C., y Tugade, M. M. (2000). El efecto deshecho de las emociones positivas. Motivation and emotion, 24(4), 237-258.

[17] Fredrickson, B. L. (2004). La teoría de ampliación y construcción de las emociones positivas. Philosophical Transactions of the Royal Society of London. Serie B: Ciencias Biológicas, 359(1449), 1367-1377.

[18] Fredrickson, B. L., y Branigan, C. (2005). Las emociones positivas amplían el alcance de los repertorios de atención y pensamiento-acción. Cognition & emotion, 19(3), 313-332.

[19] Quoidbach, J., Mikolajczak, M., & Gross, J. J. (2015). Intervenciones positivas: Una perspectiva de regulación de la emoción. Psychological bulletin, 141(3), 655.

[20] Watkins, P. C., Woodward, K., Stone, T., y Kolts, R. L. (2003). Gratitud y felicidad: Desarrollo de una medida de gratitud y relaciones con el bienestar subjetivo. Social Behavior and Personality: an international journal, 31(5), 431-451.

[21] Howes, J. L., y Parrott, C. A. (1991). Conceptualización y flexibilidad en la terapia cognitiva. En The Challenge of Cognitive Therapy (pp. 25-42). Springer, Boston, MA.

[22]

[23] https://www.therapistaid.com/therapy-guide/cognitive-restructuring

[24] Young, J. E., Rygh, J. L., Weinberger, A. D., & Beck, A. T. (2014). Terapia cognitiva para la depresión.

[25] Deci, E. L., y Ryan, R. M. (1995). La autonomía humana. En Efficacy, agency, and self-esteem (pp. 31-49). Springer, Boston, MA.

[26] Lin, B. Y. J., Lin, Y. K., Lin, C. C., & Lin, T. T. (2013). La autonomía laboral, sus predisposiciones y su relación con los resultados del trabajo en los centros de salud comunitarios de Taiwán. Health Promotion International, 28(2), 166-177.

[27] Rusk, N., Tamir, M., & Rothbaum, F. (2011). Objetivos de rendimiento y aprendizaje para la regulación de las emociones. Motivation and Emotion, 35(4), 444-460.

[28] Pensar rápido y lento- Daniel Kahneman.

[29] Spiess, E., y Wittmann, A. (1999). Fases motivacionales asociadas a la colocación en el extranjero de candidatos a directivos: una aplicación del modelo Rubicón de fases de acción. International Journal of Human Resource Management, 10(5), 891-905.

[30] Graham, S., y Hebert, M. (2011). Escribir para leer: Un meta-análisis del impacto de la escritura y la enseñanza de la escritura en la lectura. Harvard Educational Review, 81(4), 710-744.

[31] Hábitos atómicos James Clear.

[32] McLeod, S. (2015). El condicionamiento operante de Skinner. Recuperado de.

[33] Young, J. E., Klosko, J. S., y Weishaar, M. E. (2003). La terapia de esquemas. Nueva York: Guilford, 254.

34 Young, J. E., Klosko, J. S., y Weishaar, M. E. (2006). La terapia de esquemas: A practitioner's guide. Guilford Press.

35 Chiesa, A., & Serretti, A. (2009). La reducción del estrés basada en la atención plena para el manejo del estrés en personas sanas: una revisión y un meta-análisis. The journal of alternative and complementary medicine, 15(5), 593-600.

36 Baer, R. A. (2003). El entrenamiento en mindfulness como intervención clínica: Una revisión conceptual y empírica. Psicología clínica: Ciencia y práctica, 10(2), 125-143.

www.ingramcontent.com/pod-product-compliance
Lightning Source LLC
Chambersburg PA
CBHW071214120626
46546CB00006B/2554